GUILLAUME TELL,

ou

LA SUISSE LIBRE.

GUILLAUME TELL.

LIVRE PREMIER.

Amis de la liberté, cœurs magnanimes, ames tendres, vous qui savez mourir pour votre indépendance, et qui ne voulez vivre que pour vos frères, prêtez l'oreille à mes accens. Venez entendre comment un seul homme, né dans un pays sauvage, au milieu d'un peuple courbé sous la verge d'un oppresseur, parvint par son courage à relever ce peuple abattu, à lui donner un nouvel être, à l'instruire enfin de ses droits; droits sacrés, inaliénables, que la nature avait révélés, mais dont l'ignorance et le despotisme firent si long-temps un secret. Cet homme, fils de la nature, proclama les lois de sa mère, s'arma pour les soutenir, réveilla ses compatriotes endormis sous le poids des fers, mit dans leurs mains le soc des charrues changé par lui en glaive des héros, vainquit, dispersa les cohortes que lui opposaient les tyrans, et, dans un siècle barbare, dans des rochers presque inhabitables, sut fonder une retraite à ces deux filles du ciel, consolatrices de la terre, à la raison, à la vertu.

Je ne t'invoque point aujourd'hui, ô divine poésie, toi que j'adorai dès l'enfance, toi dont les mensonges brillans firent ma félicité. Garde tes pinceaux enchanteurs pour les héros dont les images ont besoin d'être embellies. Tes ornemens dépareraient celui que je veux célébrer, tes guirlandes ne conviendraient point à son visage sévère; son regard serein, mais terrible, s'adoucirait trop devant toi. Crains de toucher à sa pompe agreste; laisse-lui son habit de bure, laisse-lui son arc de cormier; qu'il marche seul, à travers les rocs, sur le bord des torrens bleuâtres. Suis-le de loin en le regrettant, et jette, d'une main timide, dans les sentiers qu'il a parcourus; les fleurs sauvages de l'églantier.

Au milieu de l'antique Helvétie; dans ce pays si renommé par la valeur de ses habitans, trois cantons, dont l'enceinte étroite est fermée de toutes parts de rochers inaccessibles, avaient conservé ces cœurs simples que le créateur du monde donna d'abord à tous les humains pour les défendre contre le vice. Le travail, la frugalité, la bonne foi, la pudeur, toutes les vertus poursuivies par les conquérans, les rois de la terre, vinrent se cacher derrière ces montagnes. Elles y demeurèrent long-temps inconnues, et ne se plaignirent point de leur heureuse obscurité. La liberté vint à son tour s'asseoir sur le haut de ces roches ; et, depuis ce jour fortuné, le vrai sage, le vrai héros, ne prononce qu'avec respect les noms d'Uri, de Schwitz, d'Underwald.

Les habitans de ces trois contrées, sans cesse occupés des travaux champêtres, échappèrent pendant plusieurs siècles aux crimes, aux malheurs produits par l'ambition, par les querelles, par le coupable délire de ces nombreux chefs de barbares qui, sur les ruines de l'empire romain, fondèrent une foule d'États, usurpèrent les droits des hommes, gouvernèrent par un code horrible, rédigé par l'ignorance, en faveur de la tyrannie et de la superstition. Oubliés, méprisés peut-être par ces dévastateurs du monde, les laboureurs, les pâtres d'Uri, faiblement soumis aux nouveaux Césars, portèrent du moins encore le nom consolant de libres. Ils gardèrent leurs anciennes lois, leurs coutumes, leurs austères mœurs. Tranquilles, maîtres souverains dans leurs paisibles chaumières, les pères de famille vieillissaient en paix, environnés d'amour, de respect. Leurs enfans, ignorans du mal, craignant Dieu, redoutant leur père, ne connaissaient d'autre bonheur, d'autre désir, d'autre espérance, que de ressembler à l'homme de bien dont ils avaient reçu le jour ; lui obéir et l'imiter formaient le cercle de leur vie. Ce peuple simple et vertueux, presque ignoré de l'univers, resté seul avec la nature, protégé par sa pauvreté, continuait d'être bon, et pourtant n'était point puni.

Non loin d'Altorf, leur capitale, sur le rivage du lac qui donne son nom à la ville, s'élève une haute montagne, d'où le voyageur fatigué d'une longue et pénible marche découvre une foule de vallées, ceintes inégalement par des monts et par des rochers. Des ruisseaux, des torrens rapides, tantôt tombant en cascades et bondissant à travers les rocs, tantôt serpentant dans un lit de mousse, descendent ou se précipitent, arrivent dans les vallons, se mêlent, confondent leurs eaux, arrosent de longues prairies couvertes de troupeaux immenses, et vont se jeter dans les lacs limpides où les taureaux viennent se laver.

Sur la cime de cette montagne était une pauvre chaumière, environnée d'un modique champ, d'un plant de vignes, d'un verger. Un laboureur, un héros, qui s'ignorait encore lui-même, qui ne connaissait de son cœur que son amour pour son pays, Guillaume Tell, à peine à vingt ans, reçut de son père cet héritage. Mon fils, lui dit le vieillard mourant, j'ai travaillé, j'ai vécu. Soixante hivers se sont écoulés dans cet asile paisible sans que le vice ait osé franchir le seuil de ma porte, sans qu'une seule de mes nuits ait été troublée par les remords. Travaille comme moi, mon fils; comme moi, choisis une femme sage, de qui l'amour, la confiance, la douce et patiente amitié doublent tes plaisirs innocens? prennent la moitié de tes peines. Marie-toi, ô mon cher Guillaume; l'homme vertueux sans épouse n'est vertueux qu'à demi. Adieu, modère ta douleur. La mort est facile pour l'homme de bien. Quand je t'envoyais porter à nos frères les fruits, le pain dont ils manquaient, n'avais-tu pas du plaisir à venir me rendre compte des bonnes actions dont je t'avais chargé? Hé bien, mon ami, je vais rendre compte à mon père des bonnes actions dont il me chargea si long-temps. Il me recevra, mon fils, comme je te recevais, je t'attendrai près de lui. Sois bien aux lieux où je te laisse, sois-y bien tant que tu seras libre; mais si jamais un tyran osait porter la moindre atteinte à notre antique liberté, Guillaume, meurs pour ton pays, tu verras que la mort est douce.

Ces paroles restèrent gravées dans l'ame sensible de Tell. Après avoir rendu les derniers devoirs au vénérable vieillard, après avoir creusé sa tombe au pied d'un sapin, près de sa maison, il se fit serment à lui-même, et jamais il ne viola ce serment, de se rendre seul, chaque soir, sur cette tombe sacrée, de se rappeler toutes ses actions, toutes ses pensées du jour, et de demander à son père s'il était content de son fils.

O combien il dut de vertus à cette obligation pieuse! Combien la crainte de rougir en interrogeant l'ombre paternelle. accoutuma son âme de feu à vaincre, à dompter ses passions! Maître de ses plus vifs désirs, faisant tourner jusqu'à leur violence au profit de la sagesse, Tell, héritier des biens de son père, s'imposa des travaux plus forts, obtint de la terre une moisson double, que les pauvres venaient partager. Levé dès l'aube matinale, soutenant d'un bras vigoureux l'extrémité d'une charrue que deux taureaux traînaient avec peine, il enfonçait son fer luisant dans un sol semé de cailloux, hâtait ses animaux tardifs de l'aiguillon qu'il tenait à la main, et, le front ruisselant de sueur, ne se reposait, à la fin du jour, que pour plaindre les infortunés qui n'avaient point de charrue. Cette idée l'accompagnait en ramenant ses taureaux, elle ne le quittait point durant son sommeil; et, le lendemain, dès l'aurore, Tell s'en allait labourer le champ de ses indigens amis; il l'ensemençait pendant leur absence; il se cachait d'eux, non pour leur ôter le plaisir d'être reconnaissans, mais pour s'épargner à lui-même la pudeur de la bienfaisance exercée envers ses égaux. C'étaient là ses soins, ses délassemens : travailler et faire du bien l'occupait et le reposait.

La nature, en douant Guillaume d'une ame pure

et si belle, avait voulu lui donner encore l'adresse, la force du corps. Il surpassait de toute la tête les plus grands de ses compagnons : il gravissait les rocs escarpés, franchissait les larges torrens, s'élançait sur les cimes glacées, prenait les chamois à la course. Ses bras pliaient, rompaient le chêne à peine entamé par la hache, ses épaules le portaient entier avec son immense branchage. Les jours de fêtes, au milieu des jeux que célébraient les jeunes archers, Tell, qui n'avait point d'égal dans l'art de lancer les flèches, se voyait forcé de rester oisif afin que les prix fussent disputés. On le plaçait, malgré son âge, parmi les vieillards assis pour juger. Là, frémissant de cet honneur, immobile, respirant à peine, il suivait les flèches rapides, applaudissait avec transport l'archer dont les coups approchaient du but ; et ses bras, élevés sans cesse, semblaient attendre, pour l'embrasser, un rival digne de lui. Mais, quand les carquois étaient épuisés sans qu'on eût atteint la colombe, lorsque l'oiseau, fatigué de se débattre inutilement, se reposait sur le haut du mât, et regardait d'un œil tranquille ses impuissans ennemis, Guillaume seul se levait, Guillaume prenait son grand arc, ramassait à terre trois flèches : la première, frappant le mât, faisait revoler la colombe ; la seconde coupait le cordon qui retenait son pénible vol ; la troisième allait la chercher jusqu'au milieu de la nue, et la rapportait palpitante aux pieds des juges étonnés.

Sans s'enorgueillir de tant d'avantages, préférant aux plus éclatans succès la plus obscure des bonnes actions, Tell se reprochait sa lenteur à obéir aux ordres de son père. Tell voulut devenir époux, et la jeune Edmée attira ses vœux. Edmée était la plus chaste, la plus belle des filles d'Uri. L'air qui vient avant la lumière agiter les feuilles des arbrisseaux, la source qui filtre du roc, et dont chaque goutte brillante réfléchit les premiers rayons, étaient moins purs que le cœur d'Edmée. La paix, la douceur, la raison, l'avaient choisie pour leur sanctuaire. La vertu, qu'elle possédait sans en connaître même le nom, était pour elle l'existence. Son ame n'aurait pas compris que l'on pût cesser d'être sage autrement qu'en cessant de vivre.

Orpheline et sans fortune, élevée depuis son enfance chez un vieillard, dernier parent de son indigente famille, Edmée gardait les troupeaux de ce vieillard vertueux. Avant que l'aurore vint éclairer la cime des sombres sapins, Edmée était sur les montagnes, environnée de ses brebis, et faisant tourner le fuseau qui filait l'habit de son bienfaiteur. Elle revenait, avec l'ombre, ranger, disposer la maison, préparer le repas du soir et celui du lendemain, épargner au faible vieillard le souci de rien désirer tandis qu'elle serait absente. Elle se livrait ensuite au sommeil, satisfaite de sa journée, heureuse d'avoir acquitté la douce dette de la reconnaissance, et sûre que le lendemain lui donnerait le même plaisir.

Tell la connut, et l'aima. Tell n'employa point auprès d'elle ces soins attentifs, cette complaisance, cet art inconnu de son cœur, qui profane souvent l'amour en le mêlant à la finesse, qui sait presser ou retarder l'aveu d'un tendre sentiment. Étranger à cette étude, ignorant que le don de plaire pût être distinct du plaisir d'aimer, Tell ne chercha point l'occasion de voir plus souvent Edmée; il ne la suivit point aux montagnes, il ne l'attendit pas le soir lorsqu'elle ramenait son troupeau. Guillaume, au contraire, pendant son absence, allait visiter son vieux bienfaiteur. Là, dans de longs entretiens où présidaient la franchise, l'épanchement, la vérité, Guillaume écoutait le vieillard, qui se plaisait à parler d'Edmée, rapportait ses moindres actions, répétait toutes ses paroles, rendait compte, les larmes aux yeux, de la patience, de la douceur, de l'inépuisable bonté qui lui rendaient chaque jour cette orpheline plus chère. Ces louanges, qui retentissaient au fond de l'ame de Tell, augmentaient plus son amour que la vue de son amante. Elle arrivait pendant ces récits; et Tell lisait sur son front, dans ses regards, dans son air modeste, tout ce qu'il venait d'entendre. Il osait à peine, en tremblant, lui adresser quelques paroles, la quittait bientôt en baissant les yeux, la saluait avec respect, et se retirait à pas lents dans son asile solitaire pour s'occuper d'elle mieux qu'en sa présence.

Enfin, après six mois passés, Guillaume, sûr que son amour était une vertu de plus, résolut de le découvrir à celle qui l'avait fait naître. Seul devant elle, il n'eût osé; mais, plus hardi devant tout le peuple, un jour de fête, au sortir du temple, il attendit la jeune Edmée. Edmée, lui dit-il, je t'aime, je t'honore encore plus; j'étais bon, tu m'as fait sensible; si tu crois être heureuse avec moi, reçois mon cœur et ma main; viens habiter dans ma maison, viens sur la tombe de mon père m'enseigner les vertus qu'il m'aurait apprises. Edmée baissa les yeux, rougit pour la première fois. Bientôt rassurée et tranquille, certaine que ce qu'elle pensait pouvait et devait être dit: Guillaume, répondit-elle, je te rends grace de m'avoir choisie; satisfaite jusqu'à ce jour de ma paisible félicité, je sens qu'elle doit s'augmenter par le droit si doux de te dire que c'est toi que j'aurais choisi. À ces mots elle lui tend la main, que le jeune Tell presse dans la sienne; ils se regardent, et, sans se parler, tous leurs sermens furent prononcés.

Cet hymen fixa le bonheur dans la chaumière de Tell. Le travail eut pour lui plus de charmes, parce que Edmée en recueillait le fruit; le bien qu'il faisait lui sembla plus doux, parce que Edmée en était instruite. Toujours ensemble, ou ne se quittant que pour se retrouver bientôt, ils tempéraient, par leur caractère ami de la paix, de la réflexion, cette dangereuse ivresse de l'amour satisfait sans cesse; ils modéraient ses transports par les plaisirs plus durables de l'amitié, de la confiance; par ce respect mutuel, cette crainte tendre et modeste de ne devenir jamais assez dignes l'un de l'autre, cette certitude de rendre leurs ames plus vertueuses, plus belles, en échangeant toutes leurs pensées, en confondant tous leurs sentimens.

Un fils vint bientôt serrer leurs liens, et ces noms si chers de père et de mère furent une source nouvelle de délices encore inconnues. Le jeune, le charmant Gemmi fut confié d'abord à Edmée; elle voulut être seule chargée des soins de sa première enfance; mais, aussitôt qu'il eut atteint sa sixième année, Guillaume ne le quitta plus. Il le conduisait avec lui dans les champs, dans les pâturages; lui montrait la terre couverte d'épis, les montagnes, les eaux, les forêts, et, ramenant ses yeux vers le ciel, il lui faisait prononcer avec crainte le nom sublime de Dieu;

il lui disait que ce Dieu, juge et témoin de toutes
nos pensées, ne demandait à l'homme que d'être
bon pour le rendre à jamais heureux. Chaque matin
et chaque soir il lui répétait ce précepte, lui expli-
quait par son exemple ce que c'est que d'être bon;
mais, sans égard pour la faiblesse, pour l'âge du
timide enfant, il le conduisait dans les neiges, le faisait gravir sur les glaces, exerçait ses jeunes mains à
soulever le joug des taureaux, à caresser sans effroi
ces animaux redoutables, à les lier à la charrue, et
la conduire avec lui.

Ce même enfant, grave, réfléchi, lorsqu'il travaille ou qu'il s'entretient avec Guillaume, n'est
plus qu'un fils doux et timide, dès qu'en rentrant à
la maison il court se jeter entre les bras de sa mère.
Tendre, attentif, caressant, il cherche dans les yeux
d'Edmée le moindre désir qu'elle va former. Il le pressent, le pénètre : Edmée ne l'a pas exprimé, il est
accompli par Gemmi. O combien cet enfant si cher
rendait heureuse sa bonne mère! Combien de fois,
en l'absence de Tell, dont le visage sévère désap-
prouvait tout excès d'un sentiment même légitime,
Edmée, pressant sur son cœur le jeune, l'aimable
Gemmi, lui répétait, avec le délire, l'ivresse de
l'amour maternel : Mon fils, mon unique fils, c'est
dans tes jours que j'ai mis ma vie, c'est dans ton
ame que mon ame existe. Sache-le bien, mon cher

fils, sois-en sûr. et, devant ton père, feins de l'ignorer.

Tell joignait à tant de biens le bien le plus né-cessaire dans le bonheur et dans le malheur, Tell possédait un ami. Cet ami, presque de son âge, habitait parmi les rochers qui séparent Uri d'Un-derwald. La ressemblance de leurs cœurs, et non de leurs caractères, les avait unis dès l'enfance. Melctal, aussi pur, aussi brave, aussi généreux que Tell, aimait autant que lui la vertu, la liberté, la patrie; mais son amour, moins réfléchi, moins con-centré dans un foyer brûlant, était capable de grandes actions sans l'être de longues souffrances. Melctal, vif, bouillant, emporté, ne pouvait cacher un seul sentiment, exhalait dans ses paroles, épui-sait dans un premier transport la passion ardente qui l'enflammait. Tell la réprimait au contraire, la nourrissait, l'augmentait, ne permettait pas à sa bouche, aux moindres traits de son visage de l'ex-primer, de la découvrir. Tous deux abhorraient l'in-justice; mais l'un se bornait à tonner contre elle, à donner sa vie pour la punir; l'autre la suivait en silence, afin de la réparer. L'un, semblable au tor-rent fougueux qui renverse les premiers obstacles, ne savait rien ménager dans son impétueux élan; l'autre, commandant toujours à son indignation profonde, amassait avec patience ses ressentimens

contre les pervers, semblables aux neiges de plusieurs hivers accumulées sur les montagnes, et qui
descendent toutes à la fois lorsque le soleil vient les
détacher.

Melctal et Guillaume traversaient souvent le court
espace qui les séparait pour réunir leurs familles,
pour passer ensemble les jours de repos. Ces jours,
attendus par les deux amis, se partageaient entre
eux également. Tantôt c'était la bonne Edmée, avec
son époux et son fils, qui se mettaient en chemin,
et s'en allaient porter à Melctal des fruits, du lait,
des prémices de leur vigne ou de leur verger. Tantôt
Melctal arrivait, donnant le bras à son vieux père
et conduisant par la main sa fille, unique gage qui
lui fût resté d'une épouse qu'il pleurait encore. Tell
les attendait à sa porte. Un siège était déjà tout
prêt pour y faire asseoir le vieillard; une coupe
pleine de vin était pour lui dans les mains d'Edmée;
et Gemmi, dont les yeux inquiets regardaient toujours le chemin, tenait un bouquet de fleurs qu'il
devait offrir à l'aimable Claire.

O qu'ils étaient purs et touchans les plaisirs qu'ils
goûtaient ensemble! que de délices ils trouvaient
autour de la table rustique où leur frugal repas se
prolongeait! Dès qu'il était achevé, le vieux Melctal,
malgré le poids de ses quatre-vingts années, sans
autre appui que son bâton, allait gagner le sommet

le plus élevé de la montagne, y prenait place au milieu de ses amis, de ses enfans, découvrait son front vénérable pour recevoir sur ses cheveux blancs la douce chaleur du soleil ; et lorsque ses yeux satisfaits s'étaient rassasiés quelques instans du spectacle de la nature, de ce spectacle qui l'enchantait, le transportait aussi vivement que dans ses beaux jours, il commençait à parler de ses premières années, de ses peines, de ses plaisirs, des chagrins attachés à la vie, des consolations qu'on trouve toujours dans sa conscience et dans sa vertu. Tell, Melctal, Edmée, écoutaient avec un respect attentif : Claire et Gemmi, assis tous deux entre les genoux du vieillard, se regardaient par intervalles, quelquefois se pressaient la main. Un seul coup d'œil de Guillaume faisait monter sur leur front une naïve rougeur ; et le vieillard, qui s'en apercevait, les excusait auprès de Guillaume.

Claire et Gemmi grandissaient tous deux, et leurs innocentes amours suivaient les progrès de leur âge. Déjà les jours heureux qu'ils passaient ensemble revenaient trop tard au gré de leurs vœux. Gemmi, pendant les longues semaines qui s'écoulaient sans qu'il vit son amie, cherchait, inventait des prétextes pour s'échapper de sa maison, pour voler à celle de Claire. Tantôt il venait dire à Melctal qu'un ours avait paru dans la montagne,

que les troupeaux étaient menacés ; tantôt il venait
lui apprendre que, dans la précédente nuit, le vent
du nord avait fané les jeunes bourgeons de la vigne.
Melctal l'écoutait avec un sourire, le remerciait de
ses soins, de son attentive amitié. Claire s'empressait
de lui présenter un vase rempli d'un lait écumant.
Gemmi, en saisissant le vase, touchait de ses mains
les deux mains de Claire, qui demeuraient jointes
aux siennes jusqu'à ce qu'il ne restât plus de la
bienfaisante liqueur. Gemmi la buvait lentement ;
ses yeux ne se détachaient point des yeux de celle
qu'il aimait ; et, satisfait de ce regard, content de
sa course et de sa journée, il revenait chez son père
en s'occupant d'une occasion nouvelle de refaire le
même chemin.

Ainsi vivaient ces deux familles ; ainsi vivaient un
peuple de frères, dont les vieillards, les enfans, les
mères et les époux, ne connaissaient d'autre richesse, d'autre bonheur, d'autre plaisir, que le travail, l'innocence, l'amour et l'égalité. Tout à coup
la mort de Rodolphe vint leur arracher tous ces
biens. Rodolphe, élevé par la fortune sur le trône
des Césars, avait toujours respecté la liberté de la
Suisse. Son successeur, le superbe Albert, enor-
gueilli de ses vains titres, de ses héritages immenses,
de la réunion de toutes les forces de l'Empire et de
l'Autriche, s'indigna que, dans ses États, quelques

pâtres, quelques laboureurs, fussent exempts du nom de sujets. Il acheta, il crut payer la propriété d'un peuple. Il pensa que de vils trésors le rendaient souverain des hommes. Un gouverneur fut nommé par lui pour aller opprimer les Cantons; et ce gouverneur fut Gesler, le plus barbare, le plus lâche des courtisans du jeune empereur.

Gesler, suivi d'esclaves armés, dont il faisait à son choix des bourreaux, vint s'établir dans Altorf. Ardent, impétueux, inquiet, dévoré d'une activité que le mal seul pouvait satisfaire, Gesler se tourmenta lui-même pour se perfectionner dans l'art de tourmenter les humains. Frémissant au nom de la liberté comme le loup poursuivi des chasseurs frémit au sifflement des flèches, il se promit, il se jura d'anéantir jusqu'à ce nom. Tout fut permis par Gesler à ses infames satellites; il leur donna lui-même l'exemple de la rapine, du meurtre, des attentats contre la pudeur. Le peuple se plaignit en vain, ses plaintes furent punies. La vertu timide alla se cacher dans l'intérieur des chaumières. La jeune vierge trembla derrière sa mère effrayée. Le laboureur maudit la terre qui lui payait ses sueurs par une moisson abondante qu'il n'espérait plus de recueillir. Les vieillards, heureux de leur âge, qui leur présentait la mort comme une libératrice, se joignirent aux vœux de leurs fils pour les voir

mourir avec eux ; partout enfin, dans les trois contrées, le voile épais du malheur fut étendu comme
un crêpe funèbre par la main du cruel Gesler.

Dès l'arrivée de Gesler, Tell avait pressenti les
maux dont sa patrie allait être accablée. Sans le dire
même à Melctal, sans alarmer sa famille, sa grande
ame se prépara, non à souffrir, mais à délivrer son
pays. Les crimes se multiplièrent ; les trois Cantons,
frappés d'épouvante, tremblèrent aux pieds de
Gesler ; Guillaume ne trembla pas, Guillaume ne
fut point surpris. Il vit les forfaits d'un tyran comme
il voyait sur l'aride roc la ronce se couvrir d'épines.
Bientôt l'impétueux Melctal exhala près de lui sa
fureur. Guillaume l'écoutait sans répondre. Ses yeux
ne versaient point de larmes ; son front, son visage,
impassibles, ne décelaient point ses projets. Pénétré
d'estime pour son ami, certain de lui, mais se dé-
fiant de sa fougue, il lui cachait sa douleur pour ne
pas irriter la sienne ; il lui dérobait son secret jusqu'au moment de l'exécution. Sa prévoyance lui
montrait ce moment encore éloigné. Tranquille,
sombre, farouche, il passait les longues journées
sans embrasser son enfant, sans tourner les yeux
vers sa femme ; avant l'heure accoutumée, il se levait, attelait ses taureaux, les conduisait dans son
champ, qu'il labourait d'une main distraite ; son
aiguillon échappait de sa main ; il s'arrêtait tout à

coup au milieu d'un sillon mal tracé ; sa tête tombait sur sa poitrine ; ses regards se fixaient sur la terre ; immobile, morne, respirant à peine, il mesurait, il calculait la puissance du tyran, les moyens de la détruire ; mettait dans la balance de sa raison, d'un côté le cruel Gesler entouré de ses satellites, armé d'un pouvoir sans bornes, appuyé par toutes les forces de l'Empire ; et de l'autre, un laboureur avec la pensée de la liberté.

Un soir que Guillaume et sa femme, assis tous deux devant leur chaumière, regardaient, à quelque distance, le jeune Gemmi essayant ses forces contre le bélier chef de leur troupeau, la vue de cet enfant s'abandonnant à sa joie naïve, l'idée des malheurs affreux que l'esclavage lui préparait, firent tomber le sensible Tell dans une profonde rêverie, et, pour la première fois de sa vie, ses yeux laissèrent échapper des larmes. Edmée le considérait ; elle hésita long-temps à lui parler. Cédant enfin au plus vif désir de l'amour, au besoin de partager les peines de l'objet aimé, elle s'approche, saisit sa main, et le regardant fixement : Ami, dit-elle, que t'ai-je fait pour mériter ce cruel abandon ? que t'ai-je fait pour avoir perdu cette confiance dont j'étais si fière ? Tu souffres des maux que ta femme ignore ; tu veux donc qu'ils soient pour elle plus douloureux que pour toi ? Depuis quinze ans ne sais-tu pas que ma pensée attend la tienne, que je n'ose croire au bonheur, le goûter, le ressentir, qu'après la douce certitude que ce bonheur vient de mon époux? Hélas! je m'examine en vain, mon cœur est toujours le même; pourquoi le tien ne l'est-il plus? Rien n'a changé dans notre asile, mon époux serait-il changé? Regarde notre chaumière; c'était là que nous nous aimions; regarde ce champ labouré par toi, dont la récolte nous assure de quoi vivre, de quoi donner pendant le cours de cette année. Regarde la lune brillante se lever derrière ces monts pour nous annoncer un jour aussi beau que celui qui va finir. Contemple enfin notre fils, dont la joie, les ris innocens semblent provoquer nos ris, et nous commander d'être heureux autant qu'il est heureux lui-même. Que te faut-il? ô Guillaume! parle, mon ame impatiente souhaite déjà ce que tu désires.

Edmée, lui répond Tell, ne prononce point le nom de bonheur; tu rendrais plus affreux le poids qui m'oppresse à toutes les heures. Que je te plains, infortunée, si tu peux croire à la félicité, si tu comptes pour quelque chose cet humiliant repos dont notre obscurité nous fait jouir, lorsque la Suisse est asservie, lorsque le barbare Gesler, cet émissaire insolent d'un despote plus superbe encore, nous commande, frappe nos fronts avec une verge.

de fer! Tu me montres cette moisson que mes travaux ont fait naître; Gesler d'un mot peut me la ravir. Tu me montres cette chaumière où mes pères depuis trois cents ans ont pratiqué la vertu ; Gesler peut m'en arracher ; et cet enfant que j'adore, cette portion de toi-même, qui, en s'emparant de tout mon amour, le redouble cependant pour toi, cet enfant dépend de Gesler. Ma terre, ma femme, mon fils, jusqu'au tombeau de mon père, rien n'est à moi, tout est au tyran! L'air que nous respirons à son insu est un vol fait à sa puissance. O comble de l'ignominie ! un peuple entier, une nation est soumise aux caprices d'un homme... Qu'ai-je dit? d'un homme... ô mon Dieu! pardonne-moi d'avoir profané le nom de ton plus bel ouvrage. L'humanité ne peut avoir rien de commun avec les tyrans. Elle doit être leur victime jusqu'au moment où , reprenant ses droits, elle venge dans un seul jour les outrages de mille siècles. Ce désir, cet espoir m'animent. Toute mon ame ne peut suffire à la grandeur de mes desseins. Garde-toi de m'en distraire, garde-toi de vouloir m'attendrir en m'occupant de toi, de mon fils. Un esclave n'a point d'enfant; un esclave n'a point de femme. Je le suis, toute la nature a cessé d'exister pour moi. Tes yeux , aveuglés par l'amour, se promènent avec complaisance sur cette chaumière, sur ce beau pays, où jadis nous fûmes heu-

reux : les miens, ouverts par la vertu, ne peuvent
rien voir que ce fort terrible bâti sur le haut de ce
roc pour tenir Uri dans les fers.

As-tu pensé, lui dit Edmée, que mon cœur in-
digne du tien n'était pas flétri dès long-temps par le
seul nom de la servitude? As-tu pensé que je pouvais aimer Tell sans détester les tyrans ? Ah! garde-
toi de mépriser ces ames douces et naïves qui sem-
blént ne se nourrir que de tendres sentimens! Va,
la sensibilité, quelquefois mère des faiblesses, l'est
plus souvent des grandes vertus. Celui qui pleure à
l'aspect du malheur, au récit d'une belle action,
prouve qu'il veut soulager l'un, et qu'il est capable
de l'autre. Juge ta femme par toi-même : est-il deux
êtres en nous? Tu adores ta patrie; juge si je dois
la chérir, puisqu'elle est à la fois ta patrie et la
mienne. Toutes les qualités de ton ame ont à mes
yeux, par-dessus leur beauté, celle de t'appartenir.
Sans toi, j'eusse été vertueuse; en t'aimant je le suis
deux fois. Parle donc avec confiance, dévoile-moi
tes desseins. Mon sexe m'ôte l'espoir de t'offrir un
secours utile ; mais mon sexe ne m'empêche point de
mourir pour te seconder.

Tell, à ces mots, embrasse Edmée, et se prépare
à lui ouvrir son ame, lorsque des cris mêlés de sanglots se font entendre du côté de sa chaumière. Les
deux époux se lèvent précipitamment ; ils aperçoi-

vent leur fils, pâle, tout couvert de larmes, les bras élevés au ciel, courant vers eux avec effroi : O mon père, disait-il d'une voix entrecoupée, venez, venez à son secours.... Melctal, le vieillard Melctal.... Les barbares ! ils ont osé..... Comme il parlait, Claire paraît, soutenant la marche tremblante de l'infortuné vieillard. Celui-ci, de sa main droite, appuyé sur un bâton, tenait de la gauche le bras de l'inconsolable Claire. Il s'écriait à chaque pas : Tell, mon cher Tell, où es-tu ? et ses mains s'avançaient pour rencontrer Tell, et ses pieds heurtant contre les cailloux le forçaient de reprendre l'appui qu'il venait de quitter un instant.

Guillaume accourt, saisit le vieillard, le presse contre sa poitrine, le considère, jette un cri terrible ; ses cheveux se dressent en ne retrouvant sur ce visage vénérable que la trace sanglante des yeux que le fer vient de lui ravir. Saisi d'épouvante et d'horreur, Tell recule en chancelant ; il ne s'arrête qu'à un roc où il demeure à demi renversé. Edmée est évanouie ; Gemmi s'empresse de la secourir ; et Claire, rappelant Guillaume, lui montre le vieillard aveugle, et regarde le ciel en pleurant.

Tu t'éloignes, mon seul ami, s'écrie Melctal d'une voix défaillante, tu trembles d'être souillé du sang qui coule de mes plaies ! Ah ! reviens, reviens sur mon sein. Mon cœur, mon cœur me reste encore ;

que je le sente du moins palpiter contre le tien; que
je puisse du moins m'assurer en t'embrassant, en te
touchant, que les barbares qui m'ont privé des yeux
ne m'ont pas ôté mon ami!

Pardonne, lui répond Tell en se précipitant dans
ses bras, pardonne au premier mouvement de ma
pitié, de mon horreur. O le plus vertueux des hommes! ton malheur ne peut augmenter le respect que
j'avais pour toi; mais il augmente ma tendresse; il
rend plus fort, plus sacré, le doux lien qui nous
unit. Eh! pourquoi, comment, dans quel lieu, ces
méchans, altérés de crimes, ont-ils osé porter leurs
mains sur la vieillesse, sur la vertu? Que leur as-tu
fait, Melctal? Ton fils est donc mort en te défendant! S'il voyait encore le jour, t'aurait-il abandonné? t'aurait-il laissé sous la garde d'une faible et
malheureuse fille qui ne peut, hélas! que pleurer?
Mais c'est moi qui remplace ton fils; c'est moi qui
hérite aujourd'hui et de sa tendresse et de sa vengeance.

N'accuse point, mon fils, répond le vieillard, ne
juge point ton ami sans l'entendre. Asseyez-moi au
milieu de vous; que je te sente à mes côtés, Guillaume, que ma Claire ne me quitte pas, et que ton
Edmée et Gemmi me prêtent une oreille attentive.

On conduit alors le vieillard sur un tertre couvert
de mousse. Il s'assied auprès de Tell; Edmée, as-

sise derrière lui, renverse, soutient sur son sein la tête vénérable de Melctal; Claire et Gemmi, à ses genoux, baisent sa main qu'ils ont saisie, et la baignent de leurs pleurs.

Écoutez-moi, leur dit Melctal; retenez les transports de votre tendresse, retenez ceux de votre colère. Ce matin, dans le moment même où le dernier soleil que mes yeux devaient voir est venu dorer nos montagnes, mon fils, Claire et moi, nous étions aux champs. Claire m'aidait à lier les gerbes de notre moisson; mon fils les entassait dans le char, où deux génisses attelées devaient les traîner à notre chaumière. Tout à coup parait un soldat, un satellite du cruel Gesler. Il vient droit à nous, foulant nos épis, arrive au char, l'examine, et d'une insolente main détache le joug des génisses. De quel droit, lui dit mon fils, m'enlèves-tu ces animaux, mon unique bien, ma seule richesse, ceux qui nourrissent ma famille, et donnent à ton gouverneur le salaire que tu reçois? Obéis, répond le soldat, et n'interroge pas tes maîtres. A ces mots j'ai vu la fureur enflammer les yeux de mon fils. Il saisit le joug des génisses détaché par le satellite, l'arrache de ses mains, le lève, et, retenu par mes cris: Barbare, dit-il, rends grace à mon père; sa voix, plus puissante sur le cœur d'un fils que la colère de la justice, m'empêche de purger la terre d'un ennemi de l'humanité;

fuis, lâche, hâte-toi de fuir; tremble que ce champ ne soit le tombeau d'un vil agent de la tyrannie. Le soldat était déjà loin. Je tenais Melctal dans mes bras : Mon fils, lui dis-je, au nom du ciel, au nom de ton père et de ton enfant, dérobe-toi à l'heure même à la vengeance de Gesler ! je le connais, il est implacable ; il se baignera dans ton sang, il le fera rejaillir sur les cheveux blancs de ton père : épargne-moi, mon fils, mon cher fils, sauve-moi la vie en sauvant la tienne !

Non, mon père, répondit-il avec l'accent de la piété, de la colère, du désespoir, non, je ne vous quitte point ! j'aime mieux mourir en vous défendant que de trembler un instant pour vous. Gesler et toute sa puissance ne peuvent m'arracher des bras de celui qui me donna la vie. Je veux, je dois..... M'obéir, interrompis-je d'un ton sévère : rien n'est à craindre pour mes jours ; laisse-moi veiller à la garde de ta chaumière et de ta fille, laisse-moi le soin de lui conserver et son père et son héritage. Va te cacher pendant quelques jours dans les montagnes d'Underwald ; Claire et moi nous irons t'y joindre quand l'orage sera calmé. Va, cours dès ce moment même : je t'en ai prié, je te le commande, je te l'ordonne comme ton père..

A ces mots le fougueux Melctal baisse tristement la tête, se met à genoux, me fait ses adieux, et de-

mande ma bénédiction. Je le pressai contre mon
cœur, je le baignai de mes larmes. Claire se jeta
dans son sein, Claire essuya de ses baisers les pleurs
que son malheureux père s'efforçait en vain de cacher. Bientôt, s'arrachant des bras de sa fille, il la
remit dans les miens, me serra la main, et partit
sans oser retourner la tête.

Claire et moi, demeurés seuls, nous retournâ-
mes à notre chaumière. Mon dessein était d'aller
sur-le-champ trouver le tyran dans Altorf, voir,
m'assurer par mes yeux si tout sentiment de justice
était étranger à son ame. Seul, je voulais m'exposer
à sa redoutable vue, obtenir le retour de mon fils,
ou mourir en le demandant. Mais tout à coup je
vois ma chaumière environnée de nombreux soldats. Tous appellent Melctal à grands cris, tous
m'interrogent, me pressent, me chargent bientôt de
chaines, me trainent devant Gesler.

Où est ton fils? me dit-il d'une voix sombre et
farouche. Il faut expier son crime à sa place, ou le
livrer à ma fureur. Frappe, lui dis-je, je rendrai
grace à Dieu si je dois à ta barbarie de donner
deux fois la vie à mon fils. Gesler me regarde d'un
œil fixe, où se peignaient à la fois et la tranquille
soif du sang et l'embarras d'inventer un supplice
que ma vieillesse n'abrégeât pas. Enfin, après un
long silence, il fait un signe à ses bourreaux; et ces

3.

barbares, devant lui, sans qu'il détournât la vue,
sans que l'affreux sourire du crime, certain de l'im-
punité, quittât son visage féroce, me saisissent, me
renversent, et leur main armée d'un fer acéré l'enfonce dans mes faibles yeux.

C'en est assez, leur dit Gesler, laissez vivre ce
débile aveugle! que ses liens soient brisés, qu'il
aille rejoindre son fils. On m'entraîne, on me rejette à la porte du palais. Je marche les bras étendus, je tombe dans ceux de Claire, de Claire qui
m'avait suivi, et que les cruels satellites retenaient
à la première enceinte. Je me sens presser dans son
sein, je suis inondé de ses larmes; j'entends, à travers ses cris de douleur, ce mot, ce nom si doux à
mon ame: Mon père! mon père! c'est moi. Je m'efforce d'arrêter ses cris, je la calme, je lui dérobe
ma douleur, et lui demande de me conduire chez
mon ami, l'ami de mon fils. Nous sommes en chemin, répond-elle, mon cœur me l'a dit avant vous.
Nous arrivons, ô mon cher Guillaume! Hélas! je ne
puis plus te voir : mais je te sens auprès de moi,
mais je tiens ta main dans la mienne; elle palpite
au récit de mes maux : mon fils est sauvé, mon ami
me reste, ah! je n'ai pas tout perdu.

FIN DU LIVRE PREMIER.

LIVRE SECOND.

Ainsi parla le vieillard. Aussitôt qu'il eut achevé son récit, Edmée, Claire et Gemmi, se précipitant à son cou, firent éclater leurs sanglots, et le baignèrent de leurs larmes. Tell, demeurant immobile, le front appuyé sur une de ses mains, regardait fixement la terre : de grosses larmes tombaient goutte à goutte de ses yeux à demi fermés : sa poitrine, oppressée d'un poids terrible, ne respirait qu'avec peine, et la main qui soutenait sa tête tremblait d'un mouvement convulsif. Après un long et sombre silence, il se lève tout à coup, embrasse le vieux aveugle, le serre deux fois avec étreinte contre son sein palpitant, fait des efforts pour parler, et ne peut prononcer que ces paroles dites d'une voix étouffée : Mon père, tu seras vengé.

Après ces mots, Guillaume retombe dans sa profonde rêverie. Debout, morne, silencieux, il examine, il médite encore ce qu'il a déjà médité; bientôt, reprenant ses esprits, il demande au vieillard, d'un air calme, s'il est informé de l'asile où s'est allé cacher Melctal. Oui, répond le malheureux père, mon fils a dû se retirer dans les cavernes profondes de la montagne du Faigel. Ses rocs déserts, iñabordables, sont inconnus aux émissaires, aux satellites du tyran. Melctal m'a promis, m'a juré de n'en sortir que par mon ordre. Rends-lui sa parole, répond Guillaume; je te la demande pour lui; et toi, mon fils, prépare-toi, tu vas partir à l'heure même. Tu marcheras toute la nuit; au point du jour, tu dois arriver à la montagne du Faigel. Cherche Melctal, ne t'arrête pas que tu ne l'aies découvert; tu lui diras en l'abordant : Ton ami m'envoie vers toi pour t'apprendre les crimes nouveaux de l'exécrable Gesler. Il vient d'arracher les yeux à ton père. Guillaume t'envoie ce poignard.

Tell alors tire de sa ceinture un fer qu'il ne quittait jamais. Gemmi s'approche avec respect, prend le glaive, le met dans son sein; Edmée et Claire, tremblantes, n'osent interroger Guillaume, regardent Gemmi, se regardent, et craignent de montrer leur inquiétude pour les périls qu'il va courir. Le vieux Melctal, étonné de l'ordre qu'il vient d'entendre, demande à Tell quels sont ses projets. Ton fils les connaît, lui répond Guillaume, et la seule vue de ce poignard lui dira tout ce qu'il doit faire. Le temps est cher, ne le perdons pas : je n'ai qu'un mot à te dire : Mon père, tu seras vengé.

Il prend aussitôt Gemmi par la main, et le conduit sans rien dire sur le tombeau de son père : là, après avoir reçu son serment, il lui confie une partie de ses projets, lui développe ses ressources, et l'instruit dans le plus grand détail de ce qu'il doit dire à Melctal.

Ils reviennent l'un et l'autre animés d'un généreux espoir. Gemmi est prêt à se mettre en marche ; Claire demande à l'accompagner. Elle veut aller embrasser son père, elle veut lui porter des fruits, du pain, et d'autres alimens dont il manque dans les montagnes. Le vieux Henri permet ce voyage. Edmée remplit de ses provisions une corbeille d'osier ; elle y joint du lait et du vin, remet la corbeille à son fils, le presse contre son sein, lui dit adieu, l'embrasse encore, et recommande à Claire d'une voix basse, de veiller sur cet enfant si cher. Gemmi, armé d'un bâton ferré dont son père lui montre l'usage, place sur sa tête la corbeille, présente le bras à la jeune Claire ; et tous deux, se tenant ainsi, partent comme deux jeunes faons qui vont dans l'obscurité chercher de nouveaux pâturages.

Guillaume les a vus partir ; Guillaume lui-même s'est revêtu d'une peau de loup qu'il portait toujours dans ses chasses lointaines. Cette peau, serrée contre son corps par une large ceinture, vient envelopper sa tête, où les dents de l'animal tombent et luisent sur son front : ses jambes sont à demi couvertes par des brodequins d'ourson. Un carquois de cuir, plein de flèches brillantes, est attaché sur son épaule; et dans ses mains est cet arc terrible qui jamais ne se tendit en vain. Appuyé sur ce grand arc, regardant Edmée d'un air tranquille :

Ma femme, dit-il, je vous quitte; je vais partir à l'instant; je laisse en vos mains notre hôte, le père de mon ami, le vieillard que je respecte, que je chéris comme mon père; ne vous occupez que de lui seul. Veillez près de lui pendant son sommeil. Soyez attentive la nuit et le jour à secourir, à soulager, à prévoir ses moindres douleurs. Acquittez à tous les instans ce que nous devons au malheur, à la vieillesse, à l'amitié. Bientôt vous me reverrez; deux jours suffisent à ma course. N'informez personne de mon absence, et que la porte de ma maison soit fermée jusqu'à mon retour.

Il dit, sort de la chaumière, prend un sentier différent de celui qu'a suivi Gemmi, et précipite ses pas.

Cependant Claire et Gemmi descendaient ensemble la montagne pour aller gagner les étroits sentiers qui mènent en Underwald. Ils font un circuit au-dessus d'Altorf, vont frapper à la chaumière d'un pêcheur ami de Tell, et lui demandent de les passer de l'autre côté du lac. Le bon pêcheur, empressé d'être utile à des enfans, court détacher son bateau, leur tend la main, les reçoit; et, saisissant les deux rames, il frappe l'onde transparente à coups égaux et rapides. Descendus à la rive opposée, les deux enfans rendent grace au pêcheur, et montent les roches arides qui de toutes parts enferment le lac. Claire veut porter à son tour le fardeau que porte Gemmi. Elle lui dispute cette douce charge, que Gemmi ne veut point céder. Enfin ils se la partagent; et tous deux réunissant leurs mains sur l'anse de la corbeille, ils gravissent ainsi les sentiers en se parlant, en se regardant avec douleur, avec tendresse, en s'arrêtant quelquefois sous prétexte de reprendre haleine, mais en effet pour se parler, pour se regarder de plus près.

La lune a déjà disparu. Déjà l'aurore, si tardive dans cette froide saison, vient dorer la cime des neiges, lorsque les jeunes voyageurs arrivent au pied du Faigel. Ils montent, ils cherchent des yeux s'ils ne découvriront point quelque chevrier, quelque pâtre qui puisse leur indiquer la solitaire caverne où Melctal s'est allé cacher. Rien ne parait dans ces rocs déserts. C'est en vain que les deux enfans promènent au loin leur vue; ils ne découvrent que des glaces, ils n'aperçoivent que des chamois suspendus sur les précipices, et fuyant avec la rapidité de l'oiseau des airs aussitôt qu'ils sont regardés.

Enfin, vers la huitième heure, une légère fumée sortant du milieu des rocs fixe les yeux de Gemmi, qui la fait remarquer à Claire : tous deux volent vers cette fumée, franchissent des torrens glacés, traversent un bois de sapins, et parviennent à une caverne, où, dès l'entrée, ils aperçoivent au fond une flamme pétillante. Un homme était assis devant ce foyer, qu'il ranimait par des branches sèches. Au premier bruit qu'il entend, cet homme retourne la tête, se lève, saisit sa hache, et vient, en la tenant levée, au-devant des jeunes voyageurs. Que demandez-vous? leur dit-il avec un accent de colère. Nous sommes vos enfans, mon père, répond Claire en courant à lui; c'est Gemmi, c'est votre fille, qui viennent vous porter des vivres, et vous serrer dans leurs bras.

Elle dit, s'élance au cou de Melctal, qui, jetant loin de lui sa hache, pousse un cri de joie, reçoit sa fille, la presse contre son cœur, la couvre de ses baisers. Aussitôt, courant à Gemmi, qui le regardait en silence, il l'embrasse, le baigne de larmes, le confond avec Claire dans ses bras, prononce le nom de son père, celui de Tell son ami, précipite ses questions, et les interrompt par les tendres caresses qu'il partage aux deux enfans. Enfin, les ramenant près du foyer, il les fait asseoir à ses deux côtés, et les écoute en essuyant ses larmes.

Claire l'instruit avec précaution du motif qui les amène, des ordres sacrés qu'elle vient porter de la part du vieillard Henri ; bientôt la voix de Claire s'éteint, elle veut, elle ne peut dire le malheur affreux qu'elle pleure, le crime horrible de Gesler ; trois fois elle commence ce récit, trois fois elle est forcée de l'interrompre. Gemmi vient à son secours. O Melctal ! lui dit-il, vois nos larmes, elles t'annoncent de nouveaux malheurs. Mon père m'a chargé de te les apprendre ; mon père m'a dit que son ami les entendrait avec constance, qu'il aurait pitié de sa fille Claire, et qu'il contiendrait sa douleur. Alors le jeune enfant raconte comment Gesler, l'exécrable Gesler s'est vengé du triste vieillard. A ce récit, le fougueux Melctal se lève, court à sa hache, veut s'élancer hors de la caverne, veut sur-le-champ courir se baigner dans le sang du cruel Gesler. Claire se jette à ses genoux ; Gemmi se place devant lui : Pense à mon père, lui dit-il ; tu ne te souviens donc plus de mon père ? il n'est donc pas ton ami ? Ecoute au moins ce qu'il te fait dire : Guillaume s'occupe de te venger ; Guillaume est à présent chez Verner, et ce seul mot doit t'en apprendre assez. Voici les ordres de mon père ; il me les a répétés deux fois : Va, mon fils, instruire Melctal du nouveau crime du tyran ; ce n'est pas la fureur qui peut nous venger, c'est le courage et la prudence ; je pars pour Schwitz, je vais trouver Verner, et faire armer son canton. Que Melctal se rende dans Stantz ; c'est là que sont ses amis, et les principaux d'Underwald : qu'il les rassemble, les invite à préparer leurs armes, et qu'il aille ensuite m'attendre dans la caverne de Grutty, où Verner et moi ne tarderons pas à le joindre.

Melctal écoute Gemmi, et la joie douloureuse de la vengeance se peint dans ses yeux et sur son visage. Je vais obéir à Tell, s'écrie-t-il avec transport ; je cours rassembler mes amis. Dès demain, Gemmi, tu peux en répondre à ton père, deux cents hommes, braves, fidèles, animés de l'amour de la liberté, prêts à mourir pour la reprendre, et certains, avant de mourir, d'immoler des milliers d'esclaves, élèveront sur la place de Stantz le drapeau de la liberté. Voici l'instant qu'attendait mon courage ; il n'était enchaîné que par Tell, que par les ordres sacrés de mon vénérable père. Mon père, mon ami, me rendent à moi, courons, volons à la victoire ; elle est à nous, elle est certaine. Je brûle de me voir aux mains avec le perfide Gesler. Qu'il vienne, qu'il vienne contre nous avec ses nombreux satellites, avec toute sa puissance ; je suis plus fort, je marche à lui au nom de la liberté, de la piété filiale, de l'humanité outragée.

Il dit, et veut à l'instant même prendre la route de Stantz. La jeune Claire le retient ; elle le force de donner du moins quelques momens à la nature, d'accorder à sa fille une heure pour jouir de ses tendres caresses, pour fortifier son corps affaibli, par les alimens qu'elle vient d'apporter. L'impétueux, le sensible Melctal embrasse en pleurant sa fille chérie, serre dans ses bras le jeune Gemmi, consent à s'asseoir près de son foyer, place les deux enfans à ses côtés, et fait avec eux un frugal repas, qu'il précipite et qu'il abrège. Bientôt, armé de sa hache, il dit adieu à ses enfans, presse sa fille sur son cœur, et prenant la main de Gemmi : Écoute, lui dit-il, mon fils ; je peux mourir dans notre entreprise ; cette mort même aurait des délices, les cœurs généreux envieraient mon sort. Mais je veux du moins disposer du seul trésor que je possède, du trésor le plus cher à mon cœur après la liberté de mon pays. Ce trésor, mon fils, c'est ma Claire ; je te la donne dès ce moment. Voilà ton épouse, Gemmi, serrez tous deux vos mains dans les miennes. Jurez sur mon cœur qui palpite pour mon pays, pour vous, pour mon père, jurez de vous aimer toujours, de vivre, de mourir l'un pour l'autre ; de confondre tous vos sentimens dans votre

amour ardent et pur. Vous êtes époux, mes enfans,
je vous bénis au nom de mon père, au nom de mon
digne ami.

Claire et Gemmi tombent à genoux, baissent la
tête en se tenant la main, et reçoivent avec respect
la bénédiction paternelle. Les pleurs coulaient sur
leurs joues; Melctal lui-même était baigné de larmes,
et ses yeux, animés de tous les transports qui rem-
plissaient son ame ardente, brillaient de feux à
travers ses larmes. Il relève ses enfans, il les embrasse de nouveau, leur dit adieu, leur répète encore ce qu'ils doivent rapporter à Guillaume; et,
saisissant sa hache, il sort de la caverne à pas précipités, et prend le chemin de Stantz.

Les deux enfans, demeurés seuls, n'osent d'abord
lever la vue l'un sur l'autre. Immobiles, la tête baissée, et se tenant encore la main, ils éprouvent un
frémissement mêlé de joie, de bonheur, de crainte.
Leurs ames, agitées d'une foule de sentimens divers,
ont peine à se remettre de tant de secousses : leur
pudeur naïve, enfantine, leur fait craindre pour la
première fois de se trouver ainsi solitaires. Gemmi,
rassuré le premier, dit enfin d'une voix tremblante :
Claire, vous êtes à moi; depuis long-temps vous
êtes instruite que Gemmi n'appartient qu'à vous.
Mais le moment où nous sommes, les dangers que
vont courir nos pères, nous défendent de nous oc-

cuper de nous-mêmes; c'est à eux seuls que nous devons toute notre ame et tous nos momens. Partons, Claire, rejoignons ma mère, rendons-lui compte de notre voyage; et lorsque mon père et votre vénérable aïeul auront confirmé la bénédiction que vient de nous donner Meletal, alors j'oserai peut-être vous dire combien je suis heureux.

Claire, sans répondre, lui serre la main, sort aussitôt de la caverne, et tous deux reprennent la route qu'ils avaient déjà parcourue.

Mais le soleil, quoique à peine à la moitié de son cours, ne jetait plus qu'une lueur pâle à travers des nuages sombres. Un voile grisâtre dérobait partout l'azur du ciel, et des flocons de neige voltigeant dans l'air, semblables à la toison des agneaux que leur ont arrachée les ronces, venaient en s'augmentant du côté du nord. Bientôt un vent froid s'élève, et amène plus forte et plus rapide cette neige éblouissante. Elle tombe comme la pluie d'un violent orage. Elle remplit les sentiers, comble, dérobe les précipices, et fait baisser la paupière des malheureux voyageurs qui ne peuvent soutenir son impétuosité. Claire et Gemmi, forcés de s'arrêter, cherchent un abri sous des rochers. La neige les atteint partout, la neige tombe sur leurs têtes. Gemmi s'alarme pour Claire; celle-ci, pour le rassurer, sourit en se voyant couverte des flocons qu'elle secoue et renvoie aux

4.

vents. La tempête s'apaise enfin ; les rayons d'or de l'astre du jour percent le voile qui le couvrait, et viennent se réfléchir sur les diamans de la neige. Les deux enfans se remettent en route, mais ils ne trouvent plus leurs sentiers. Un tapis épais et blanc couvre les rochers et les précipices. Gemmi tient Claire par la main, et s'avance avec précaution. De son bâton il sonde la neige ; il ne permet à Claire de faire un pas qu'après s'être assuré qu'il n'y a point de péril. Claire, qui ne craint que pour lui, qui ne marche que sur ses traces, lui serre plus fortement la main, prête à le soutenir s'il tombait ; et cette marche longue, pénible, ces dangers toujours renaissans sont mêlés de charmes pour la tendre Claire.

Forcés de prendre des détours, de suivre les bords des torrens, où la rapidité de l'onde a laissé la terre à découvert, les voyageurs consument le reste du jour, et n'arrivent que vers le soir non loin du village d'Erfeld. Gemmi se reconnaît alors ; il est sûr, en remontant la Reuss, de rentrer la nuit dans Altorf. Il encourage sa compagne, et la lune, qui commence à paraître, lui ôte la crainte de s'égarer encore. Plus tranquilles, ils suivaient tous deux la rive gauche du fleuve qui traverse le canton d'Uri, lorsqu'ils sont joints par un homme armé d'une longue arbalète, couvert d'un large manteau qui

l'enveloppait tout entier. La neige et la glace se distinguaient seules sur le bonnet qui lui servait de
coiffure, sur son manteau, sur ses cheveux attachés
ensemble par les frimas. Cet homme vint droit
aux enfans, qui s'arrêtèrent à sa vue, et d'une voix
altérée :

Mes jeunes amis, leur dit-il, vous voyez un chasseur égaré. J'ai perdu de vue tous mes compagnons ;
je ne puis retrouver le chemin d'Altorf, où je suis
sûr que mon absence a déjà répandu l'inquiétude.
Pourriez-vous m'y conduire, enfans? Votre zèle et
votre secours seront récompensés par moi? La récompense est dans le service, lui répondit aussitôt
Claire ; nous savons le chemin d'Altorf, et nous
aurons autant de plaisir à vous ramener à votre
famille que vous en auriez vous-même à nous rendre
à nos bons parens. Suivez-nous, vous êtes certain
d'être à la ville dans une heure. Le chasseur alors
joint les deux enfans ; et, les observant avec attention à la clarté de la lune, il marche en silence auprès d'eux.

Bientôt le chasseur s'adressant à Gemmi : Jeune
homme, dit-il, quels sont vos parens? où demeurez-
vous dans Altorf? Je suis le fils d'un laboureur,
répond Gemmi sans le regarder ; mon père n'habite
point la ville. — Et dans quels lieux est sa retraite?
— Dans les montagnes, au milieu d'un désert, où

il cultive son champ, où il pratique la vertu. La vertu! reprend le chasseur avec un sourire ironique; je n'aurais pas cru que ce nom fût connu de vous à votre âge. C'est le premier nom que j'ai bégayé, répond Gemmi d'un ton de voix ferme. — Vous savez donc ce qu'il signifie? — Je l'espère au moins. — Expliquez-le-moi. — Trois mots suffiront : la crainte de Dieu, l'amour des humains, et la haine de leurs oppresseurs. — Et quels sont ces oppresseurs? — Les tyrans et leurs satellites. — En Suisse il n'est point de tyrans. Claire ne peut retenir un cri. Gemmi ne répondit point ; et le chasseur, la tête baissée, marcha quelque temps en silence.

Ils approchaient des murs d'Altorf; déjà l'on voyait reluire les lances des gardes qui veillaient aux portes. Le sombre inconnu tout à coup demande à Gemmi d'une voix farouche : Comment s'appelle ton père? Claire, tremblante, serra plus fortement la main de Gemmi. Celui-ci, pour qui le mensonge était impossible, hésite quelques instans ; enfin, pressé par l'inconnu, il le regarde d'un air assuré. Nous avons bien voulu, répond-il, vous remettre dans votre route, mais c'est à quoi se bornera la confiance que vous inspirez. Vous ne saurez point le nom de mon père; il n'est connu que de ses amis. Jeune imprudent, s'écrie alors le chasseur avec l'accent de la colère, ton père ne peut m'échapper, tu ne sortiras toi-même des fers que je te prépare qu'au moment où je connaîtrai ta séditieuse famille. Va, je sais découvrir les coupables aussi-bien que les punir.

A ces mots il arrive aux portes, prononce le nom de Gesler; et les soldats, sortant aussitôt, baissent devant lui leurs lances. Qu'on saisisse ces deux enfans, leur dit l'atroce gouverneur; qu'on les traîne dans la prison, et qu'on ait soin de m'amener les premiers habitans d'Altorf qui se présenteront pour les réclamer.

On obéit; Claire et Gemmi sont environnés par la garde; sans pitié pour leur âge, pour l'état de faiblesse où leur pénible route les avait réduits, on les conduit dans le fort, où un cachot devient leur demeure.

Calmes tous deux, se regardant avec tendresse, et remerciant en secret leurs bourreaux de ne les point séparer, les deux enfans entendent sans effroi se refermer les portes épaisses de leur horrible prison : ils se reposent sur la paille qu'on leur a jetée par pitié : ils partagent le pain grossier que l'on a mis auprès d'eux. Sans crainte comme sans remords, inquiets seulement des alarmes qu'éprouveront leurs familles, des dangers qui menaceraient Guillaume, s'il venait s'offrir au tyran, ils espèrent, ils font des vœux pour qu'Edmée et le vieux Henri

les croient demeurés auprès de Melctal, pour qu'ils
ignorent leur malheur, pour que ce malheur ne soit
que pour eux.

Tandis qu'occupés seulement de cette pieuse idée,
les deux enfans, en prison sous le couteau d'un barbare qui ne pardonna jamais, dormaient paisible-
ment l'un auprès de l'autre sans être troublés par
des songes funestes, et goûtaient ce calme, ce repos
de l'ame que la vertu donne même dans les fers, le
gouverneur, dans son palais, environné de troupes
nombreuses, armé de sa toute-puissance, pouvant
d'un seul mot consommer la perte de quiconque
déplaisait à ses yeux, le gouverneur ne pouvait
dormir, et les plus terribles craintes agitaient son
esprit inquiet. Sombre, furieux, tourmenté par une
foule de desseins contraires, tremblant pour ses
jours, méditant de nouveaux supplices pour effrayer
ceux qu'il redoutait, pour conserver sa misérable
vie à force de donner la mort, pour mettre entre
le trépas et lui un large fleuve de sang, il se disait
à lui-même : O combien doit être terrible la haine
que me porte ce peuple, puisque leurs enfans, leurs
faibles enfans ne peuvent pas la cacher au voyageur,
à l'inconnu que le hasard leur fait rencontrer ! Que
disent donc leurs vieillards, leurs hommes ! Que
n'ai-je point à redouter de ce peuple de séditieux
dont les générations se multiplient, s'élèvent avec

l'espoir, avec le désir de m'arracher ma puissance, de me percer sans doute le sein! Ah! je saurai prévenir leurs coups, je saurai comprimer par la terreur ceux qui pourront échapper à ma redoutable justice : je veux inventer de nouveaux supplices, je veux inventer de nouveaux moyens de reconnaître mes ennemis : tous le sont, je n'en doute point; mais tous n'oseront se montrer, et les plus hardis du moins tomberont les premiers sous mon glaive.

Il s'abandonne alors au délire de sa colère, de son orgueil, roule dans son esprit aliéné mille projets inexécutables, adopte, caresse les plus insensés, et, trouvant un mérite de plus aux ordres qui prouveront mieux le mépris qu'il veut affecter pour ce peuple qu'il redoute, il s'arrête enfin au projet stupide de forcer les habitans d'Uri à courber lâchement leur front devant le bonnet qui sert de coiffure à leur atroce gouverneur : en vain sa raison, à demi perdue, veut lui présenter les dangers de cet ordre absurde, inutile; sa raison n'est plus écoutée; il fait appeler près de lui les chefs de sa garde nombreuse, les interroge avec inquiétude sur le zèle, sur l'attachement de leurs mercenaires soldats; leur distribue des trésors que son avarice cède à sa crainte; et s'adressant à Sarnem, ministre secret et fidèle de ses

désirs les plus coupables : Demain, lui dit-il, à
l'aube du jour, qu'on plante une longue pique au
milieu d'Altorf; je veux que, sur la pointe de cette
pique, le bonnet qui couvre ma tête, et que je re-
mets dans tes mains, soit exposé à tous les regards.
Mes nombreux soldats sous les armes environne-
ront la place, en garderont les avenues, et forceront
tous les passans à se courber avec respect devant ce
signe de la puissance du gouverneur des trois Cantons : que la moindre résistance, que le plus léger
murmure soit sur-le-champ puni par les fers! C'est
à vous de lire sur les visages, dans les yeux, dans les
traits de ces hommes vils que la nature fit pour être
esclaves, les secrets sentimens de haine, d'indépendance, de courage même; car le courage est un
crime dans ceux qui ne doivent savoir qu'obéir.
Allez, exécutez mon ordre, et que nos émissaires
s'occupent tous de découvrir les parens coupables
des deux enfans que j'ai fait mettre aux fers.

Il dit : Sarnem court tout préparer. Les soldats
reçoivent d'avance le salaire des crimes qu'on leur
demande. L'or et le vin leur sont prodigués; des es-
pions sont répandus dans la ville, dans les environs,
pour s'introduire dans les familles, pour y raconter,
sous un faux ton de pitié, comment deux enfans sont
victimes de la sévérité de Gesler, pour étudier, pour

surprendre dans les regards l'effet que produit cette nouvelle, pour faire un crime de la douleur, même de la compassion.

Mais le ciel, le juste ciel, qui veillait sur la chaumière de Tell, le cache aux yeux de ces émissaires. Ils ne vont point chez la bonne Edmée, qui, seule avec le vieillard aveugle, comptait les heures écoulées loin de son époux, loin de son fils. La nuit s'est passée dans l'inquiétude, sans que la lampe solitaire qui éclairait la maison se soit éteinte un moment, sans que le vieux Henri et la bonne Edmée aient voulu se livrer au sommeil. Ils ont toujours parlé de leurs enfans. Ils se sont interrompus cent fois pour écouter le moindre bruit qui se faisait entendre à leur porte. Les aquilons sifflant dans les arbres dépouillés de leurs feuilles, les aboiemens du chien fidèle qui tourne autour de la maison faisaient tressaillir Edmée. Elle se levait, courait à la porte, espérant toujours que c'était Gemmi : elle regardait, ne voyait que les ténèbres ; elle écoutait, attentive, et n'entendait que les torrens. Elle revenait tristement auprès du vieillard éperdu, à qui elle voulait cacher ses inquiétudes et ses craintes : Votre fils les aura retenus, lui disait-elle en soupirant ; dormez, dormez, ô bon vieillard ! je veillerai jusqu'au matin. Oui, ma fille, répondait Henri ; mon fils les aura retenus ; je vais reposer ; ne songe pas à moi, et calmé ton ame inquiète. Alors le vieillard, pour ne pas l'alarmer, faisait semblant de reposer, faisait semblant d'être tranquille : tous deux gardaient le silence pour se tromper mutuellement, tous deux se cachaient leurs larmes ; mais au moindre bruit tous deux se levaient, et leur espoir était trompé.

FIN DU SECOND LIVRE.

LIVRE TROISIÈME.

CEPENDANT Tell, long-temps avant l'aurore, est arrivé dans les murs de Schwitz. Il va frapper à la maison de Verner; les dogues veillant dans la cour, font retentir l'air de leurs aboiemens. L'inquiet Verner, déjà debout devant un chêne brûlant, se hâte d'aller à sa porte, l'ouvre à la voix de son ami, l'embrasse, le mène près de son foyer; et les dogues menaçans n'ont pas plus tôt reconnu le fidèle ami de leur maître, qu'ils l'environnent en le caressant, et viennent cacher leurs têtes énormes sous les mains engourdies de Guillaume.

Ami, dit le héros à Verner, il est enfin venu l'instant qui doit délivrer la patrie ou terminer nos malheureux jours. Ce n'est plus ta prudence que je viens consulter, ce n'est plus à ta sagesse que je viens demander des conseils; c'est ton courage que je réveille, c'est à lui que je porte des armes. Plus de conseils; il faut agir : les nouveaux crimes de Gesler nous ont donné le dernier signal.

A ces mots, il dépose devant Verner un pesant

faisceau de lances, de flèches, d'arbalètes, d'épées tranchantes, qu'il a porté sur ses épaules. Verner les regarde avec une joie tranquille. Avant de t'entendre, répond-il, allons cacher ce trésor précieux dans un asile secret ; l'on peut ici nous surprendre : lorsque l'on dépend d'un tyran, le citoyen n'a point de maison.

Tous deux alors reprennent les armes, descendent, les portent dans un souterrain ; et, revenant s'asseoir près du foyer, Guillaume raconte à Verner la barbarie du gouverneur, le malheur du vieillard Henri, la retraite de son fils Melctal, le voyage du jeune Gemmi, qui doit l'avertir, à cette heure même, de se rendre à Grutti, le soir, pour assurer leur vengeance. Verner écoute avec attention, se fait répéter les détails des grands desseins de Guillaume, les pèse, les discute avec lui, oppose, invente les obstacles qu'il est possible de rencontrer ; et, satisfait des réponses de Tell, qui a tout prévu, qui répond à tout, il l'embrasse en lui disant ces paroles : Ami, commençons, je suis prêt.

Aussitôt, séparément et par des chemins opposés, ils vont porter une à une les armes qu'ils ont en dépôt, à leurs amis de la ville, à leurs amis des villages dont Schwitz est environné ; ils vont remettre dans les mains des ennemis de la tyrannie de quoi la détruire, de quoi se venger. Ils rendent grâce aux frimas, à la neige qui obscurcit le jour, qui tombe avec abondance, et rend déserts les chemins qu'ils traversent avec sûreté. Ils vont, reviennent cent fois pour distribuer les armes, qu'ils n'osent porter qu'une à une : ils emploient douze heures entières à cette importante distribution, échauffent, raniment le cœur de chacun de ceux qu'ils viennent armer, prennent son serment devant Dieu, l'instruisent du nouveau crime de Gesler, l'animent à la vengeance, et retrouvent toujours de la voix, toujours de nouvelles forces, pour varier des discours, pour faire de nouveaux pas qui doivent amener la liberté.

Le jour entier s'est consumé dans ces soins. Toutes les armes sont distribuées ; Guillaume n'a gardé que son arc, Verner n'a conservé qu'une lance. Tous deux, accablés de fatigue, rentrent dans la maison de Verner, prennent un peu de nourriture, raniment leurs forces éteintes, et, sans prendre un instant de repos, pressés par le temps qui s'écoule, par la parole donnée à Melctal, ils se remettent en chemin pour la caverne de Grutty.

Ils marchent au milieu des neiges que l'aquilon ramasse autour d'eux ; ils arrivent sur les bords du lac, cherchent un bateau dans l'obscurité, trouvent une faible barque amarrée par de forts liens, et que les flots impétueux, soulevés par le vent du nord,

5.

faisaient battre contre le rivage. Verner, voyant le lac agité, s'arrête, demandé à Guillaume si sa science si renommée dans l'art de conduire une barque pourra lutter contre la tempête. Melctal nous attend, lui répond Guillaume, et le sort de notre patrie va dépendre de notre entrevue. Comment oses-tu demander si je pourrais traverser le lac? J'ignore si la chose est possible, mais je sais qu'il faut la faire. Je compte peu sur mon adresse; mais je compte sur le Dieu du ciel qui veille sur les ames pures, et qui se plait à protéger les amans de la liberté.

Il dit, saute dans la barque; Verner s'élance après lui. Tell coupe aussitôt le lien, s'empare de l'aviron, et s'éloigne du rivage. Mais, soit un effet du hasard, soit que ce Dieu juste et puissant que Guillaume invoquait dans son cœur veillât sur les libérateurs de la Suisse, le vent s'apaise tout à coup, les flots se calment, l'onde tranquille porte la barque de Téll, qui, saisissant les deux rames, la fait voler avec la rapidité de la flèche. Il a bientôt franchi le lac, il arrive à l'autre bord, descend, amarre sa barque, et les deux amis se rendent à la caverne qu'ils connaissaient depuis si long-temps.

Melctal les attendait à l'entrée. Aussitôt qu'il aperçoit Tell, il se précipite dans ses bras, le serre, le baigne de ses pleurs, prononce avec des sanglots le nom de son père et le nom de son ami; mêle, confond ces deux noms si chers, et peut à peine contenir tous les sentimens qui l'oppressent. Guillaume pleure avec lui, tient sa main, qu'il presse avec force, l'entraîne au fond de la caverne, et là, dans une obscurité profonde, les trois amis, assis sur des rocs, faisant trève à leurs intérêts, à leurs douleurs particulières, ne s'occupent que de l'intérêt et du destin de leur pays. Tell le premier prend la parole.

.. Melctal, dit-il, ton père est vivant, ton père est dans ma maison; que ta tendresse se rassure, que ta piété filiale se taise devant la patrie. Examinons, trouvons les moyens les plus sûrs et les plus prompts de délivrer notre pays; de lui rendre sa liberté, de venger les longues injures, les barbaries, les fureurs dont il a souffert trop long-temps. Chacun de nous, dans son canton, jouit de l'estime, de l'attachement, de la confiance de nos frères. Les braves habitans de Schwitz se lèveront à la voix de Verner; il ne leur manquait que des armes, aujourd'hui même Verner et moi nous leur en avons donné. Ces armes, jointes à celles que nos amis de Schwitz s'étaient procurées, nous répondent de deux cents soldats dont Verner est le capitaine. Nous avons leur foi, leurs sermens; nous comptons sur eux, comme sur nous-mêmes.

.. Dans Uri, dans les murs d'Altorf, où la présence du tyran augmente et nourrit la terreur, où le fort

terrible qu'il a élevé semble assurer à jamais sa puissance, il m'a été plus difficile de trouver des compagnons. Tous les cœurs brûlent pour la liberté,
mais les satellites nombreux de Gesler, ses infames
émissaires veillent avec plus de soin à découvrir, à
punir la moindre étincelle de ce feu sacré. Je n'ose
compter encore sur les habitans d'Altorf : ils tremblent, ils sont gémissans sous la verge du despotisme; ils voient toujours la hache levée sur le premier qui oserait regarder le gouverneur. Le peuple
d'Altorf ne l'attaquera point, mais il ne le défendra
pas. Il faut conquérir Altorf. Dans les villages qui
l'entourent, j'ai trouvé cent compagnons prêts à
mourir avec moi ; ils sont armés, ils sont braves,
c'est tout ce que je puis offrir. Parle, Melctal, rends-
nous compte de tes efforts en Underwald, et arrêtons
irrévocablement l'heure, l'instant où nous réunirons
nos forces, où nous irons mourir ou devenir libres.

Ami, s'écrie Melctal avec un accent dont à peine
il est maître, j'étais loin de compter sur les forces
qui sont déjà dans vos mains, et j'étais certain du
succès. Cent cinquante jeunes guerriers sont déjà
prêts dans Underwald ; aujourd'hui même je les ai
tous vus; ils m'ont choisi pour leur chef, ils brûlent
tous de combattre. Amis, ne perdons pas un instant;
rendons-nous, dès cette nuit même, sous les murailles d'Altorf; réunissons nos guerriers au milieu

même de cette ville, attaquons le fort sur-le-champ, le peuple nous secondera ; nous punirons le gouverneur ; je veux que les yeux lui soient arrachés à la même place où mon père.... Mais je m'égare ; pardonnez au plus malheureux des fils : je veux, dis-je, que, malgré la nuit, malgré la neige qui couvre la terre et rend les chemins difficiles, nous soyons demain, à l'aube du jour, au milieu de la place d'Altorf, et qu'un combat engagé sur-le-champ nous rende maîtres de la citadelle, ou nous fasse tous périr.

Oui, nous périrons, lui répond Verner d'une voix calme, et cette mort, glorieuse sans doute, serait inutile à notre pays. Tu n'as donc pas entendu, Melctal, ce que nous a dit Guillaume ; les cent amis dont il est sûr dans Uri sont dispersés dans les villages, il lui faut du temps pour les rassembler ; et quatre mille satellites sont toujours réunis auprès du tyran. Le peuple d'Altorf gémissant, comprimé sous le poids terrible de la présence de Gesler, de sa garde, de ses soldats, n'osera point se joindre à nous. Nos faibles troupes, arrivant en tumulte l'une après l'autre, n'obtiendraient pas l'entrée de la ville, et seraient détruites sous ses remparts. Les trois Cantons sont trop faibles pour renverser cette puissance de Gesler, qui s'appuie sur le colosse de l'Empire, qui possède plusieurs places fortes dont le

siège, quelque rapide qu'il soit, laisse le temps à
l'Allemagne d'enfanter contre nous des armées plus
nombreuses que tout notre peuple. Croyez à mon
expérience. Assurons-nous de nombreux secours
avant de tenter aucune entreprise. Pensez-vous que
nous soyons les seuls animés de l'amour de la liberté ? Pensez-vous que Zurich, Lucerne, les habitans des montagnes de Zug, de Glaris et d'Appen-
zel, ne frémissent pas comme nous de se voir accablés de chaînes ? N'en doutez point, ces généreux
peuples souffrent de la soif de l'indépendance : ils
feront un jour, mon cœur le prédit, un même corps
avec nous, une seule république redoutée et respectée de tous les rois de l'univers. Avançons ces
temps de gloire, envoyons des députés sûrs à Lucerne, à Zug, à Zurich ; rendons générale la conjuration ; fixons un jour, un jour sacré, où, à la même
heure, dans toute la Suisse, tous les amis de la liberté attaquent à la fois leurs tyrans. Alors nous
éclaterons ; alors Altorf se déclarera, et le gouverneur troublé, environné de peuples en armes, suc-
combera sous nos efforts avant que ses courriers,
partout arrêtés, puissent porter à l'Empereur la nouvelle de ses périls.

Verner se tait, et Melctal murmure. Melctal va
combattre Verner, lorsque Guillaume prend la parole, et tous deux l'écoutent dans le silence. J'aime

ton audace, dit-il à Melctal, j'excuse ta bouillante ardeur, mais elle nous serait fatale. J'honore ta prudence, Verner, mais elle aurait aussi ses dangers. Malheur aux saintes conjurations à qui le temps est nécessaire, et dont le secret n'est pas concentré dans un petit nombre de cœurs fidèles! une seule erreur, un seul mot, les plus légers accidens, renversent l'ouvrage de plusieurs années. Il ne faudrait trouver qu'un traître dans les villes nombreuses que tu nous proposes d'associer à nos desseins, pour remettre la patrie aux fers, pour voir périr dans les supplices l'élite de ses plus dignes enfans. Non, ne confions à personne nos généreux, nos sublimes desseins. Nous suffirons, je l'espère, pour fonder la liberté; et lorsque Uri, Schwitz, Underwald, auront planté sur leurs montagnes le drapeau de l'indépendance, nous ou nos fils verrons les Cantons venir combattre sous cet étendard, ou se reposer à son ombre.

Verner, il est temps d'éclater; mais je te demande, Melctal, de me donner encore quelques jours. Voici le plan que je vous soumets.

Underwald et Schwitz sont armés. Trois cent cinquante guerriers de ces deux braves Cantons sont prêts, dites-vous, à suivre vos pas : assignez-leur, non pas une ville, non pas un village, mais un vallon, un endroit désert, où, se rendant par diverses routes, ils puissent tous se réunir et se mettre en marche à la fois. Tandis que vous prendrez ce soin, je retourne dans Uri; et, secondé par le brave Furst, le seul de mes compagnons à qui j'ai confié mes projets, je vais rassembler, s'il se peut, les cent ennemis de la tyrannie, que leurs murmures, leur courage m'ont fait juger dignes de vaincre avec nous. Le brave Furst ira les chercher dans le Maderan et dans l'Urseren, jusque dans les hautes montagnes d'où se précipitent l'Aar, le Tessin, le Rhin et le Rhône. Seul, je demeure dans Altorf, où un émissaire de Furst viendra m'avertir de l'instant où sa troupe doit se mettre en marche. A cette nouvelle, je mets le feu à un immense bûcher que mes mains ont déjà placé sur la montagne où est ma maison. Dès que vous verrez cette flamme, partez, Verner, partez, Melctal, ainsi que tous vos compagnons, chacun pour le lieu du rassemblement. De là, dès que vous serez réunis, marchez sur-le-champ vers Altorf. J'ai mesuré le temps, les distances. Furst, avec les braves d'Uri, Verner, avec ceux de Schwitz, Melctal, avec ceux d'Underwald, doivent arriver presque en même temps au midi, au nord et à l'orient de la ville. J'y serai, mes braves amis, j'y serai seul au milieu du peuple, que ma voix, que mes efforts appelleront à la liberté. Ma bouche fera retentir ce nom sacré, devenu notre cri de guerre. Vous le prononcerez en entrant. Le

peuple, frappé de surprise de voir, d'entendre à la
fois Underwald, Uri et Schwitz qui volent à son secours, le peuple alors, n'écoutant que sa haine, se
livrant tout entier à sa fureur contre Gesler, grossira vos troupes vaillantes. Nous attaquerons le fort,
où le tyran, surpris et troublé, ne se défendra qu'a-
vec lâcheté. Vous verrez bientôt nos drapeaux flotter
sur ses créneaux terribles ; et toute la Suisse, émue
par cette première victoire, viendra nous demander
l'honneur de s'associer aux futurs combats.

Il dit, et Melctal se jette dans son sein, et baigne
le héros de larmes de joie. Verner lui-même est
persuadé ; Verner adopte son avis. Les trois libérateurs, sans se lier par de nouveaux sermens, inutiles
à leurs grandes ames, les trois héros se séparent,
après s'être répété qu'ils ne se mettront en marche
qu'au moment où le signal du feu leur sera donné
par Guillaume. Melctal retourne dans Stantz se
préparer avec ses amis : Verner et Tell retournent
à leur barque ; et, parvenus à l'autre bord, Verner
prend la route de Schwitz, et Guillaume celle
d'Altorf.

Il marche, en suivant la rive du lac. Il veut,
avant de retourner auprès d'Edmée, visiter ses amis
d'Altorf, les instruire de ses grands desseins. Le soleil brillait déjà lorsqu'il arrive dans la ville. Il
s'avance jusqu'à la place, où le premier objet qui

frappe sa vue est une longue pique élevée, au bout
de laquelle il distingue un riche bonnet brodé d'or.
Autour de la piqué des soldats nombreux se promènent en silence, et semblent garder avec respect
ce nouveau signe de puissance. Guillaume s'avance
étonné; bientôt il voit le peuple d'Altorf se proster-
ner bassement devant ce bonnet, devant cette pique,
et les satellites armés courber plus près de la terre,
avec le fer de leurs lances, les fronts de ceux qui
s'humilient. Maître à peine de son indignation, Tell
s'arrête à ce spectacle : il n'en peut croire ses yeux,
il demeure muet, immobile, appuyé sur son grand
arc, et regardant avec dédain ce peuple lâche et ces
vils soldats.

Sarnem, qui commande la garde, Sarnem, dont
le zèle féroce se plait à surpasser les ordres qu'il a
reçus du tyran, distingue bientôt cet homme, qui
seul, au milieu d'un peuple courbé, lève une tête
droite et fière. Il vole, le joint, et le regardant avec
des yeux brûlans de fureur : Qui que tu sois, lui dit-
il, tremble que je ne punisse ta lenteur à obéir aux
ordres de Gesler! Ne sais-tu pas la loi proclamée,
qui oblige tout habitant d'Altorf à saluer avec respect
ce signe de sa puissance? Je l'ignorais, répond Guillaume, et je n'aurais jamais pensé que l'ivresse du
pouvoir suprême pût en venir à cet excès de tyrannie et de démence : mais il est justifié par la lâcheté

de ce peuple. J'excuse, j'approuve Gesler; il doit
nous traiter en esclaves; il ne peut pas assez mépriser
des hommes assez bas pour se soumettre à des caprices aussi dégradans. Quant à moi, je ne baisse
mon front que devant la Divinité. Téméraire, reprend
Sarnem, tu vas expier tant d'audace. Tombe à genoux, et désarme le bras qui va te punir. Le mien
me punirait moi-même, lui dit Tell en le regardant,
si j'étais capable de t'obéir.

A ce mot, à un signe qu'à fait le cruel Sarnem,
une foule de ses satellites se jettent aussitôt sur Guillaume. On lui arrache son arc, on le dépouille de
son carquois. Environné de glaives brillans dirigés
tous contre son sein, on le conduit, on l'entraine au
palais du gouverneur.

Tranquille au milieu des soldats, sourd à leurs
menaces grossières, les bras croisés sur sa poitrine,
Guillaume parait devant le tyran. Il le considère
d'un œil dédaigneux, laisse parler sans l'interrompre
celui qui se hâte de l'accuser, et, dans un silence
impassible, attend que Gesler l'interroge.

Son air, son front, son visage calmes, étonnent,
troublent le gouverneur. Une terreur involontaire,
un pressentiment secret semblent l'avertir qu'il voit
devant lui celui qui doit punir ses crimes. Il craint
de fixer sur lui ses regards, il hésite à l'interroger;
enfin, d'une voix altérée : Quel motif, dit-il, a pu te

porter à désobéir à mes ordres, à refuser au signe, quel qu'il soit, de mon pouvoir, le respect, l'hommage que tu me dois? Parle, défends-toi, je peux pardonner. A ce mot, Tell le regarde avec un sourire amer : Punis-moi, lui répond-il, et ne me demande pas ma pensée. Tu n'entendis jamais la vérité, tu ne pourrais la soutenir — Je veux l'entendre de ta bouche; je veux que tu m'instruises toi-même de mes fautes et de mes devoirs. — Je n'instruis point les tyrans; mais l'horreur que m'inspire leur présence n'ôte rien à mon courage; mais je leur rappelle leurs crimes, et je leur prédis leur sort. Écoute-moi donc, Gesler, puisque tu consens à m'entendre.

La mesure est bientôt comblée; la coupe du malheur, que le ciel irrité contre nous voulut remettre dans tes mains, déborde de toutes parts. Dieu épuisa sur nous, par tes mains, tous les traits de sa colère; sa justice va te frapper. Entends les cris des innocens que tu retiens dans les cachots; entends les cris des enfans, des veuves qui te redemandent leurs époux, leurs pères, expirés par ton ordre au milieu des tourmens. Vois leurs ombres sanglantes errer autour de ta demeure, te poursuivre dans ton sommeil, se présenter devant toi pour te montrer leurs larges blessures, leurs corps déchirés et palpitans. Leur sang jaillit sur tes mains et t'éveille

au milieu de la nuit ; tu vois ce sang au milieu des
ténèbres, tu le vois, et tes yeux en vain se ferment
pour ne pas le voir. Le peu qui reste de vivans,
abandonnant ses héritages, ses biens, le fruit de son
labeur à ton insatiable avarice, s'enfuit et va se cacher au fond des forêts, dans le creux des rocs. Là,
que fait ce peuple tremblant à qui ton nom seul
cause plus d'effroi que le bruit des monceaux de
neige descendant du haut des montagnes pour ense-
velir nos villages, que fait-il? A genoux sur les rochers, il élève ses mains à Dieu, il lui demande
vengeance, il le supplie d'exterminer l'extermina-
teur des humains. Hé bien, Gesler, je te l'annonce,
ces prières de tout un peuple, ces cris de tant d'innocens persécutés, dépouillés, frappés, immolés par
ton ordre, ce sang répandu sans cesse par tes mains,
et dont la vapeur épaisse forme un nuage autour de
toi, ce sang est monté jusqu'au ciel : nos voix plain-
tives sont arrivées au trône du Tout-Puissant, sa
justice va te frapper, ma patrie touche à sa déli-
vrance : tels sont mon espoir, mes vœux, ma pensée. Tu me les demandes, je t'ai satisfait; je n'ai
plus rien à te dire, car je ne veux pas dégrader ma
raison au point de te dire un seul mot de l'ordre
insensé, du délire qui fait aujourd'hui fléchir les
malheureux habitans d'Uri devant le bonnet qui

6.

couvrait ta tête. Tu sais tout, tu peux commander mon supplice.

Gesler écoutait en silence; sa colère se contenait pour mieux assurer ses coups, sa rage était suspendue par l'espérance de trouver, d'inventer un nouveau supplice qui le vengeât mieux de cet homme qui semblait mépriser la mort. Il songeait à ces deux enfans que la veille il fit mettre aux fers. Il se rappelle leurs discours hardis; et, les comparant à ceux qu'il entend, son ingénieuse fureur soupçonne, pressent, devine que ces enfans, déjà si fiers, si pénétrés de la haine des tyrans, ne peuvent appartenir qu'à celui qui vient de le braver. Il veut s'en éclaircir sur l'heure, et donne l'ordre secret qu'on amène les deux enfans.

Sarnem a couru les chercher. Pendant ce temps le fourbe Gesler, dissimulant sa colère, feignant de n'être point ému, interroge froidement Guillaume sur son état, sur sa famille, sur le rang qu'il tient dans Uri. Guillaume ne cache point son nom; et ce nom, fameux dans Altorf, frappe, épouvante le gouverneur. Quoi! dit-il avec surprise, c'est toi dont l'adresse est si renommée dans l'art de conduire une barque! C'est toi dont les flèches toujours sûres n'ont jamais manqué le but! Moi-même, lui répond Tell, et je rougis que mon nom ne soit connu que par des succès inutiles à ma patrie. Cette vaine gloire est loin de valoir la mort que je vais souffrir en prononçant le nom de liberté.

A l'instant même, Sarnem revient conduisant Claire et Gemmi. Dès que Tell aperçoit son fils, il pousse un cri, s'élance vers lui : O Gemmi, dit-il, ô mon fils ! je peux t'embrasser encore ! et dans quels lieux.... pourquoi.... comment?.... Non, non, vous n'êtes point mon père, lui répond aussitôt Gemmi, qui voit le péril de Guillaume, qui sait le sort que Gesler prépare à ses malheureux parens ; non, je ne vous connais point ; ma famille n'est point ici. Guillaume, étonné, demeure immobile, les bras ouverts, étendus ; il ne peut comprendre pourquoi son fils se refuse à ses embrassemens et ose le méconnaître. Claire augmente sa surprise en confirmant ce qu'a dit Gemmi, en répétant avec lui que Guillaume n'est point leur père. Le cœur de Tell en murmure, il commence à s'en offenser ; et Gesler, dont les yeux farouches observent tous leurs mouvemens, Gesler, qui vient de pénétrer le mystère qu'il voulait connaître, jouit à la fois de la crainte, de la surprise, des douleurs et du père et des enfans.

Une horrible joie se peint sur son front ; ses regards brillent d'un feu sombre. On ne m'abuse point, dit-il ; Guillaume ; voilà ton fils, et ce fils m'a offensé ; ma patience, depuis long-temps, a souffert ici tes outrages : afin de trouver une peine qui fût égale à ta témérité, je vais la prononcer, écoute :

Je veux, même en te punissant, rendre hommage à ce talent rare que vante ton heureux pays ; je veux qu'en contemplant ma justice le peuple d'Altorf admire ton adresse : on va te rendre ton arc ; on placera ton fils devant toi, à la distance de cent pas ; une pomme sera sur sa tête, et deviendra le but de ta flèche. Si ta main, sûre de ses coups, enlève avec le trait la pomme, je vous fais grace à tous deux, et je vous rends la liberté ; si tu refuses cette épreuve, ton fils, à tes yeux, va mourir. Barbare, lui répond Tell, quel démon sorti de l'enfer peut t'inspirer cette affreuse idée ? O Dieu juste, qui nous entends, souffrirez-vous cet horrible excès du génie de la cruauté ? Non, je n'accepte point l'épreuve ; non, je ne m'expose point à devenir le meurtrier de mon fils ; je te demande la mort, je l'implore de tes bourreaux ; ils sont tous ici ; tout ce qui t'entoure a trempé cent fois ses mains dans le sang. Qu'ils tournent leurs glaives sur moi, qu'ils les dirigent sur mon cœur : je te le demande, je t'en conjure ; mais que je meure innocent, mais que je meure homme et père. Écoute, Gesler, tes gardes nombreux, l'exemple de tout un peuple, la certitude, la vue du supplice, n'ont pu me faire fléchir devant toi ; j'ai préféré la mort à cette bassesse ; hé bien, pour obtenir cette mort, pour échapper à l'affreux danger de percer moi-même le cœur de mon fils, je vais plier le genou devant toi, promets-moi le trépas, Gesler, et je m'abaisse devant ton orgueil.

- Non, s'écrie aussitôt Gemmi, dont la voix touchante émeut de pitié les satellites qui l'environnent, non, ne vous rendez point à ses vœux, j'accepte, j'accepte l'épreuve. Quoi qu'il arrive, tu l'as promis, mon père sera délivré; rassure-toi, mon digne père; va, le ciel guidera ta main, va, ton fils est en sûreté : pardonne-moi si ma tendresse a voulu te méconnaître un instant. Je tremblais pour toi, pour toi seul, et je quittais, pour te sauver, le bien qui m'est le plus cher au monde, le nom, le doux nom de ton fils. O mon père! pardonne-moi, mon père, mon père chéri, laisse-moi répéter cent fois ce nom que je m'étais interdit. Rassure-toi, tu ne me tueras point, une voix secrète me le prédit. Qu'on me conduise, qu'on me conduise! et toi, Claire, va-t'en, mais garde-toi d'instruire ma mère.

Gemmi se jette alors dans le sein de Guillaume, qui le reçoit, qui l'embrasse, qui le presse contre son cœur; il veut lui parler, il ne peut que l'inonder de ses larmes; il ne peut que répéter d'une voix tremblante, étouffée : Non, mon fils, non, mon cher fils! Claire est tombée évanouie; les soldats l'emportent dans le palais, et l'inflexible Gesler, sans être ému de ce spectacle, répète son ordre terrible, offre pour la dernière fois à Guillaume le choix affreux de voir périr son fils ou de se soumettre à l'épreuve. Guillaume l'écoute la tête baissée, demeure quelques instans sans répondre, tenant toujours Gemmi dans ses bras; puis relevant tout à coup la tête, et regardant le gouverneur avec des yeux rouges de pleurs, étincelans d'indignation: J'obéirai, répond-il; que l'on me conduise à la place.

Le père et le fils, se tenant par la main, sont aussitôt environnés de gardes. Ils descendent ensemble du palais sous la conduite de Sarnem. Tout le peuple, informé déjà de l'affreux spectacle qu'on va lui donner, se précipite vers la place. Presque tous gémissent au fond de leur ame, mais aucun d'eux n'ose exprimer le sentiment de la pitié. Leurs regards timides cherchent Guillaume; ils le découvrent au milieu des lances, marchant à côté de Gemmi qui le regarde en souriant. Les larmes viennent dans les yeux en regardant le visage du père : mais la terreur retient ces larmes; Gesler les punirait comme un crime. Tous les yeux se reportent à terre; un morne silence règne dans le peuple; il gémit, il souffre et se tait.

L'espace est déjà mesuré par le farouche Sarnem; une double haie de soldats ferme de trois côtés cet espace. Le peuple se presse derrière eux : Gemmi,

debout à l'extrémité, considère tous ces apprêts d'un
œil tranquille et serein. Gesler, loin derrière Tell,
se tient au milieu de sa garde, observant d'un air
inquiet le silence morne du peuple; et Guillaume,
entouré de lances, demeure immobile, les yeux vers
la terre. On lui présente son arc avec une seule
flèche; après en avoir essayé la pointe, il la brise,
la rejette et demande son carquois : on le lui ap-
porte; il le vide à ses pieds, cherche, choisit parmi
tous ses traits, demeure long-temps baissé, saisit
un instant favorable, et cache une flèche sous ses
vêtemens; il en tient une autre à la main, c'est
celle qui doit lui servir. Sarnem fait enlever les
autres, et Guillaume, avec lenteur, bande la corde
de son grand arc.

Il regarde son fils, s'arrête, lève les yeux vers le
ciel, jette son arc et sa flèche, et demande à parler à
Gemmi. Quatre soldats le mènent vers lui : Mon fils,
dit-il, j'ai besoin de venir t'embrasser encore, de te
répéter ce que je t'ai dit. Sois immobile, mon fils;
pose un genou en terre, tu seras plus sûr, ce me
semble, de ne point faire de mouvement : tu prieras
Dieu, mon fils, de protéger ton malheureux père.
Ah! ne le prie que pour toi, que mon idée ne vienne
pas t'attendrir, affaiblir peut-être ce mâle courage
que j'admire sans l'imiter. O mon enfant! oui, je ne
puis me montrer aussi grand que toi. Soutiens,

soutiens cette fermeté dont je voudrais te donner l'exemple. Oui, demeure ainsi, mon enfant, te voilà comme je te veux.... Comme je te veux! malheureux que je suis! et vous le souffrez, ô mon Dieu!.... Écoute.... Détourne la tête.... Tu ne sais pas, tu ne peux prévoir l'effet que produira sur toi cette pointe, ce fer brillant dirigé contre ton front. Détourne la tête, mon fils, et ne me regarde pas. Non, non, lui répond l'enfant, ne craignez rien, je veux vous regarder, je ne verrai point la flèche, je ne verrai que mon père. Ah! mon cher fils, s'écrie Tell, ne me parle pas, ne me parle pas! ta voix, ton accent m'ôterait ma force. Tais-toi, prie Dieu, ne remue pas.

Guillaume l'embrasse en disant ces mots, veut le quitter, l'embrasse encore, répète ces dernières paroles, pose la pomme sur sa tête, et se retournant brusquement, regagne sa place à pas précipités.

Là, il reprend son arc, sa flèche, reporte ses yeux vers ce but si cher, essaie deux fois de lever son arc, et deux fois ses mains paternelles le laissent retomber. Enfin, rappelant toute son adresse, toute sa force, tout son courage, il essuie les larmes qui viennent toujours obscurcir sa vue; il invoque le Tout-Puissant, qui du haut du ciel veille sur les pères; et raidissant son bras qui tremble, il force, accoutume son œil à ne regarder que la pomme,

Profitant de ce seul instant, aussi rapide que la pensée, où il parvient à oublier son fils, il vise, tire,
lance son trait, et la pomme emportée vole avec lui.

La place retentit de cris de joie; Gemmi vole embrasser son père. Celui-ci, pâle, immobile, épuisé
de l'effort qu'il a fait, ne lui rend point ses caresses.
Il le regarde avec des yeux éteints, il ne peut
parler, il entend à peine tout ce que lui dit son fils ;
il chancelle, est prêt à tomber; il tombe dans les
bras de Gemmi, qui se hâte de le secourir, et qui
découvre la flèche cachée sous son vêtement.

Déjà Gesler était près de lui, Gesler s'empare de
la flèche. Guillaume reprend ses sens, et détourne
promptement la vue à l'aspect du cruel Gesler.
Archer sans pareil, lui dit celui-ci, j'acquitterai ma
promesse, je te paierai le prix de ta rare habileté,
mais auparavant, réponds-moi : que voulais-tu faire
de cette flèche que tu dérobais à mes yeux ? Une
seule t'était nécessaire ; pourquoi gardais-tu celle-ci ?
—Pour te percer le cœur, tyran ; si ma malheureuse
main avait tranché les jours de mon fils. A ce mot,
qu'un père n'a pu retenir, le gouverneur effrayé
rentre au milieu de ses satellites. Il révoque sa promesse, il ordonne au cruel Sarnem de faire aussitôt
enchaîner Guillaume, et de le conduire dans le fort.
On obéit; on vient l'arracher aux embrassemens de
Gemmi, qui veut en vain accompagner son père ;

les gardes repoussent Gemmi. Le peuple murmure, s'émeut ; Gesler se hâte de se retirer dans son palais, fait prendre les armes à toutes ses troupes. Des pelotons nombreux d'Autrichiens parcourent toute la ville, forcent les habitans effrayés de se cacher dans leurs maisons. La terreur règne dans Altorf, et les bourreaux, déjà prêts, attendent de nouvelles victimes.

FIN DU TROISIÈME LIVRE.

LIVRE QUATRIÈME.

TANDIS que le tyran inquiet se renfermait dans son fort, bordait ses remparts de soldats, et tremblait que le peuple irrité ne vînt lui enlever Guillaume, Gemmi, le malheureux Gemmi, les yeux en pleurs, les bras étendus, redemandant son père à tous ceux qu'il rencontrait, repoussé partout par les féroces satellites qui gardaient les avenues; Gemmi errait autour des murs du fort en poussant des cris douloureux. Claire, qu'on avait retenue dans le palais pendant l'horrible spectacle, s'était échappée enfin, et cherchait de toutes parts Gemmi. Elle le revoit, vole dans ses bras, et veut essuyer ses larmes. Mon père est dans les fers, lui dit Gemmi, mon malheureux père va périr. Claire, écoute-moi; j'ai perdu l'espoir de pénétrer dans sa prison, d'y rester, de le servir, de terminer ma vie avec lui : je vais tenter le seul moyen qui me reste de le sauver ; je vais courir en Underwald; j'avertirai ton père des dangers de son ami ; Melctal a des amis, du courage, des armes; Melctal viendra le délivrer. Je te demande, ma bonne Claire, de retourner auprès de ma mère, de lui dire ce qui s'est passé, ce que je tente en ce moment. Va, Claire, va la consoler; je ne reviendrai plus qu'avec Melctal; je périrai ou je sauverai mon père; c'est à toi de me remplacer près de ma bonne mère.

Il dit, et, quittant aussitôt Claire, il marche à pas précipités, sort de la ville, et gagne les montagnes.

Claire se hâte de retourner à la chaumière de Tell, où le vieux Henri, où la bonne Edmée, loin de Guillaume, loin de leurs enfans, dont ils ignoraient le sort, se consumaient dans l'inquiétude. L'arrivée de Claire, pâle, saisie d'effroi, baignée de larmes, redoubla les terreurs d'Edmée. Elle se lève, court au-devant d'elle en s'écriant : Gemmi! Gemmi! qu'est devenu mon enfant? Il est vivant, il est libre, lui répond aussitôt Claire, qui se précipite dans les bras du vieux aveugle. Elle l'embrasse, embrasse Edmée; et, d'une voix qu'elle peut à peine raffermir, elle raconte tout ce qui leur est arrivé avec le cruel Gesler; comment ils furent tirés de prison pour être conduits devant Guillaume; et l'horrible épreuve à laquelle furent soumis le père et l'enfant. Elle ignore tout le reste; mais Guillaume est dans les fers; Gemmi, pour délivrer son père, est allé chercher Melctal; Tell est menacé de la mort; le gouverneur l'a jurée.

A ce récit, Edmée, accablée, retombe presque mourante sur le siège qu'elle avait quitté; le vieillard aveugle, hors de lui-même, se met à pousser des cris lamentables. Il veut qu'on le mène à son fils; il veut aller combattre avec lui, périr pour délivrer Guillaume. La jeune Claire contient le vieillard; secourt Edmée évanouie, ne peut suffire aux tendres soins nécessaires aux deux infortunés.

Enfin, après les premiers instans d'une douleur si profonde et si vive, le vieux Henri, rappelant sa raison, son courage et sa prudence, saisit les deux mains d'Edmée, et les serrant contre son cœur: Ne pleure pas, lui dit-il, ô ma vertueuse amie! ne perdons pas dans les larmes un temps précieux qu'il faut employer. Gemmi est en Underwald, peu d'heures doivent lui suffire pour se rendre auprès de mon fils. Je connais Melctal; dès cette nuit même, Melctal, suivi de tous ses amis, va prendre la route d'Altorf. Il arrivera demain au matin, il tentera tout pour sauver Guillaume. Mais le peu d'amis qu'il doit amener ne peut suffire à ce grand projet. J'en ai quelques-uns dans la ville; je vais réveiller leur courage, les exciter, les encourager. Ils me conduiront sur la place; ils me conduiront au milieu du peuple aux premiers rayons du soleil.

Là, je parlerai ; là, je montrerai les blessures encore récentes que j'ai reçues de Gesler ; je montrerai
la place de mes yeux arrachés par ses mains féroces.
Mon grand âge, mes cheveux blancs, mon visage
défiguré, mon sang qui souille encore mes habits,
les pleurs de cette faible enfant, tout aidera mon
éloquence : je l'espère, j'en suis certain, le peuple
ému voudra me venger ; le peuple grossira la foule
des amis que j'aurai assemblés. Mon fils et le vôtre
viendront ; ils trouveront une troupe prête à se
réunir à eux. Nous attaquerons le fort. Je resterai
au milieu des coups pour animer nos braves soldats ; je leur crierai : Vengeance! Je ferai retentir
sans cesse les noms de patrie et de liberté. Ils me
porteront, si je ne puis les suivre ; ils me porteront
jusqu'à ton époux, que nous ramènerons dans tes
bras. Oui, j'en suis sûr, Dieu, qui m'inspire, m'annonce déjà la victoire. Viens, ma fille, partons à
l'instant ; viens me donner mon bâton, et me prêter
l'appui de ton bras. La nuit ne doit pas être loin ;
viens, la nuit doit nous être utile.

J'approuve ce projet, dit Edmée, et c'est moi qui
veux te conduire : mais, avant de quitter ces lieux,
daigne m'entendre et me donner conseil. Je suis
instruite, sans qu'il me l'ait dit, que mon époux,
depuis long-temps, médite le grand dessein de délivrer sa patrie. Ses voyages secrets en Schwitz, en

Underwald, dans l'Urseren, l'amas d'armes qu'il avait cachées, et ses absences nocturnes, et la préoccupation que je lisais sur son visage, tout m'a confirmé dès long-temps qu'une conjuration, dont Guillaume est l'ame, se trame dans les trois Cantons. J'ignore les noms des autres chefs, mais croyez que ces chefs existent, et qu'un moment, un signal sans doute sont assignés, convenus entre eux. Je n'ai pu pénétrer quel est ce signal ; mais il y a peu de jours que je fus frappée, comme d'un trait de lumière, d'un mot échappé à mon époux. Ce mot et d'autres encore m'ont fait soupçonner, m'ont fait croire que le signal des conjurés est un bûcher allumé sur le haut de cette montagne. Le temps et les forces nous manquent pour élever, cette nuit même, pour embraser ce bûcher. Mais une voix secrète me dit que, si nous pouvions parvenir à faire briller cette flamme, tous les amis de mon époux accourraient pour le délivrer. Je te consulte, Melctal ; ma faible main suffit pour mettre le feu à la maison qui nous sert d'asile. Elle est dans le lieu le plus élevé. Ce vaste incendie doit être aperçu de tous les habitans des trois Cantons. Que m'importent ma maison, mes biens, lorsque mon époux va périr ? Si je le sauve, tu nous recevras ; si je le perds, il ne nous faut qu'une tombe.

Elle dit, et le vieux Henri l'encourage dans ce

dessein. Edmée, aussitôt va saisir un faisceau de
branches sèches, l'allume dans le foyer; jette autour
d'elle les bois enflammés, les répand, les attise elle-
même, brûle sans regret, sans douleur, et le ber-
ceau de son enfant, et le chaste lit de l'hymen,
augmente partout la flamme; et, lorsqu'elle s'est
assurée que rien ne pourra l'éteindre, elle prend le
bras du vieillard, qui de l'autre main s'appuie sur
Claire, et, descendant avec eux de la montagne
escarpée, elle prend le chemin d'Altorf.

Pendant qu'au milieu du vaste silence que la terreur répand dans la ville, le vieillard, l'épouse,
l'enfant malheureux, vont frapper à la porte de
leurs amis, les feux allumés par la main d'Edmée
s'augmentent et gagnent le chaume qui formait seul
le toit de la maison. Le chaume s'allume et pétille;
la flamme devient plus brillante, jette autour d'elle
une vaste lumière, et se distingue au loin dans les
airs. Verner l'aperçoit dans Schwitz; le bouillant
Melctal, que Gemmi n'avait encore pu rejoindre,
tressaille de joie à cette vue; et Furst, au milieu
d'Urseren, ne doute point que Guillaume, à la tête
des braves d'Altorf, ne l'appelle à son secours. Ces
trois chefs, dans le même instant, s'arment, sortent
de leurs demeures, vont chercher leurs amis fidèles,
les appellent à la liberté. Leurs amis s'éveillent,
saisissent leurs armes, se rassemblent dans le si-

lence, se forment en bataillons; et, des trois côtés, presque au même instant, les trois chefs marchent vers Altorf, suivis d'une troupe faible par le nombre, mais forte par le courage, mais résolue à périr ou à délivrer son pays.

Tous précipitent leurs pas; tous, retardés dans leur marche par les neiges, par les torrens, par les chemins non frayés, tremblent d'arriver trop tard à ce fort, ce fort redoutable qu'il faut attaquer à la fois, qu'il faut prendre avec le tyran. Mais le tyran, inquiet, alarmé des mouvemens qu'il a vus dans le peuple, craignant pour son prisonnier, tremblant pour sa propre vie, avait déjà pris de nouvelles mesures, dont une seule rendait vaines toutes celles des trois conjurés. Gesler, au déclin de ce même jour, réfléchissant que sa forteresse, remplie de nouveaux soldats, n'avait pas assez de vivres pour soutenir un long siège, craignant, non pas de se voir forcé dans cet asile imprenable, mais de ne pouvoir communiquer avec le reste de son armée répandue autour de Lucerne; Gesler avait fait appeler Sàrnem pour lui donner cet ordre nouveau:

Ami, lui dit-il, je quitte ces lieux, où tu commanderas en mon absence. Je te laisse mes braves soldats, qui n'obéiront qu'à ta voix. Ce vil peuple, que je dois punir de son insolent murmure, sera bientôt écrasé par les renforts que je vais chercher.

Fais-moi préparer une grande barque, où cinquante hommes, choisis dans ma garde, puissent partir ce soir avec moi. Dès que la nuit voilera la terre, tu feras conduire dans cette barque ce téméraire Guillaume qui n'a pas craint de me braver ; surtout qu'il soit chargé de fers, qu'il soit au milieu de ma garde. Je veux le conduire moi-même dans le fort château de Kusnack, à l'extrémité du lac de Lucerne. Là, mieux gardé que dans ces lieux, il attendra dans les cachots que, dé retour avec mes troupes, je puisse, par ses longs tourmens, apprendre aux habitans d'Altorf ce que l'on gagne à m'outrager.

Sarnem, fier de se voir choisi pour remplacer le gouverneur, se hâte d'obéir à ses ordres. Bientôt la barque est préparée ; bientôt cinquante archers d'élite sont guidés par Sarnem lui-même à la porte du cachot de Tell. Le héros, chargé de chaînes pesantes qui lui laissent à peine la faculté de se mouvoir, est mis sous la garde des cinquante archers, et, dès que la nuit a voilé la terre, on le conduit en silence, on le traîne vers le rivage, où Gesler, seul et déguisé, s'était rendu en secret. Gesler fait jeter le captif au fond de la barque, l'environne de ses archers, s'assied à la proue, fait prodiguer de l'or et du vin à ses soldats, à ses rameurs, et part sans être aperçu.

La barque vole sur les flots. L'air était pur, l'onde tranquille, les étoiles brillaient dans le ciel. Un vent

léger du midi venait aider aux efforts des rameurs
et tempérait la rigueur du froid, que la nuit, la
saison, les glaces voisines devaient rendre plus in-
supportable. Tout favorise Gesler. Il parcourt l'é-
troite longueur du premier lac des quatre Cantons,
se dirige droit vers Brunnen pour traverser le détroit qui doit le conduire dans le second lac. Tell,
pendant ce temps, accablé de ses chaînes, Tell,
couché par terre, au milieu des gardes, reconnaît
sur la rive gauche les rochers déserts de Grutty, et
cette caverne où, la veille encore, il méditait avec
ses amis la liberté de sa patrie. Cette vue, ce souvenir, font chanceler son courage. Guillaume sentit
venir dans ses yeux des larmes dont il eût rougi.
Les dévorant aussitôt, Guillaume détourne la tête,
Guillaume regarde le ciel qui semble l'abandonner.
Dans ce moment, du côté d'Altorf, il découvre une
lueur rougeâtre. Bientôt cette lueur s'augmente, et
Tell aperçoit une longue flamme qui s'élève au-
dessus d'Uri. Son cœur tressaille à cette vue ; il ne
peut comprendre d'où vient ce signal, dont il n'a
confié le secret à personne. Il doute, examine, s'assure que cette flamme semble partir de la montagne
où est sa maison. Il en remercie le ciel, sans savoir
encore si c'est un bienfait : il n'espère point, il ne
pense pas que cet événement peut sauver ses jours ;

mais il peut sauver sa patrie : cette idée lui fait oublier son propre péril.

Gesler et ses satellites ont comme lui aperçu cette flamme. Ils se la montrent avec surprise ; ils l'attribuent à quelque incendie, et s'embarrassent peu d'un malheur qui n'intéresse que leurs ennemis. Gesler presse ses rameurs ; Gesler, impatient d'arriver, ordonne qu'on redouble d'efforts. La barque tourne à l'occident, passe le détroit, vogue dans les eaux plus profondes du lac dangereux d'Underwald. Là, tout à coup le vent du midi cesse de pousser la rapide barque. L'aquilon et le vent d'ouest règnent dans les airs agités. L'un, précédé des tempêtes, soulève, amoncelle les flots, les porte, les brise en sifflant contre les flancs de la barque, qui, cédant à sa furie, à ses coups violens, redoublés, dérive, malgré les rameurs, et fuit penchée vers la côte ; l'autre, amenant les frimas, et les nuages et la neige, couvre le ciel d'un voile funèbre, répand les ténèbres sur l'onde, frappe le visage, les mains des rameurs, de pointes piquantes de glaces, les force de quitter la manœuvre, dérobe à leurs yeux abaissés jusqu'à la vue de leurs périls, remplit la barque de glaçons mêlés à l'abondante neige ; s'oppose de front à sa marche, et, combattant avec l'aquilon qui l'attaque par le côté, la fait tourner rapidement sur sa quille, la tient ainsi suspendue sur le sommet des vagues blanchies, et, l'abandonnant par instans, la précipite au fond des abimes.

Les soldats, pâles, consternés, ne doutant plus d'une mort prochaine, tombent à genoux; implorent le Dieu qu'ils ont oublié si long-temps. Le lâche Gesler, plus tremblant encore, va, vient, demande aux rameurs, en leur promettant ses trésors, s'ils ont l'espérance de sauver ses jours. Les rameurs, immobiles, mornes, ne lui répondent que par le silence. Des pleurs, des pleurs déshonorans de faiblesse et de lâcheté, baignent pour la première fois les yeux féroces du gouverneur. Il va périr, il en est sûr; ses richesses et sa puissance, et ses supplices et ses bourreaux ne peuvent le sauver du trépas : il pleure, il regrette la vie, il ne pourra plus s'enivrer de sang.

Tell, tranquille à sa même place, moins ému des cris des soldats, du bruit des vagues écumantes, des sifflemens des vents déchaînés, qu'il ne le fut en découvrant la caverne de Grutty, Tell attendait le trépas, et ne songeait qu'à l'avantage que pourrait tirer son pays de la mort du gouverneur. Il jouissait en silence de la peur, des gémissemens, du tourment qu'éprouvait Gesler, lorsqu'un des rameurs, tout à coup s'adressant à cet homme cruel : Nous sommes perdus, dit-il; il n'est plus en notre puissance de contenir au milieu des flots la barque emportée par le vent du nord, qui, dans un instant, va la briser en pièces contre les rochers du rivage. Un seul homme, le plus renommé, le plus habile de nos trois Cantons dans l'art de braver les tempêtes du lac, peut nous sauver de la mort. Cet homme est ici : le voilà ! le voilà chargé de tes chaînes ! Choisis, Gesler, choisis promptement entre le trépas ou sa liberté. Gesler frémit à cette parole. Sa haine violente pour Tell combat dans son ame pusillanime l'amour même qu'il a pour la vie ; il hésite encore, il ne répond point ; mais les prières, les murmures et des soldats et des rameurs qui lui demandent, qui le pressent de sauver leurs jours et les siens en délivrant son prisonnier, la crainte d'être mal obéi s'il se refuse aux vœux de tous, et la tempête qui s'augmente, déterminent enfin Gesler. Qu'on brise ses chaînes, dit-il ; je lui pardonne tous ses crimes, je lui rends la vie et la liberté, si son adresse nous amène au port.

Les soldats, les rameurs s'empressent de rendre libre Guillaume. Ses fers sont tombés ; il se lève, et, sans prononcer un seul mot, il s'empare du gouvernail. Faisant mouvoir sous sa main la barque comme l'enfant fait plier la baguette qu'il tourne à son gré, il oppose la proue aux deux vents, dont les forces ainsi divisées la tiennent en équilibre. Profitant ensuite d'un moment de calme, aussi rapide que l'éclair, il tourne de la proue à la poupe, contient la barque dans la direction qui seule peut la sauver, fait prendre les rames à deux seuls rameurs, dont il dirige les efforts, et s'avance, malgré les vents, malgré les flots et la tempête, vers le détroit qu'il veut repasser. Les ténèbres empêchent Gesler de s'apercevoir qu'il retourne aux mêmes lieux d'où il est parti. Guillaume continue sa marche ; la nuit presque entière s'écoule ; mais il est rentré dans le lac d'Uri, mais il aperçoit la lueur mourante du signal donné sur le mont d'Altorf. C'est cette lueur qui lui sert d'étoile ; il connaît le lac dès long-temps ; il en évite les écueils, et s'approche pourtant du rivage qui borde le canton de Schwitz ; il pense à Verner, il calcule que Verner doit être en marche, et que les chemins encombrés de neige le forceront de cotoyer le lac. Dans ce faible espoir, il navigue en feignant d'ignorer les lieux où la tempête pousse la barque, en augmentant les terreurs de Gesler et de ses soldats.

Enfin l'orient se colore, et la tempête semble s'apaiser aux premiers rayons de l'aurore. Le jour naissant découvre à Tell les roches voisines d'Altorf avant que le tyran, qu'il craint, ait eu le temps de les reconnaître. Guillaume y dirige sa barque et la fait marcher plus rapidement. Gesler, dont la férocité revient à mesure que le danger s'éloigne, observe Guillaume avec des yeux sombres. Il veut, il n'ose pas encore le faire charger de liens. Ses soldats et ses matelots reconnaissent bientôt où ils sont, en instruisent le gouverneur, qui, s'avançant vers Tell avec colère, lui demande d'une voix terrible pourquoi la barque qu'il a guidée a repris le chemin d'Altorf. Guillaume, sans lui répondre, pousse la barque droit à un rocher peu éloigné de la rive, saisit d'une main prompte l'arc et la flèche qu'un archer tenait à la main, et, rapide comme l'éclair, s'élance de la barque sur le rocher. Là, sans s'arrêter, il bondit comme le chamois des montagnes, saute sur un autre roc, qui le fait voler au rivage, gravit aussitôt la roche escarpée, et se montre sur le sommet, semblable à l'aigle des Alpes quand il se repose auprès des nuages, et qu'il promène ses yeux perçans sur les troupeaux des vallons.

Le gouverneur, étonné, pousse un cri de fureur, de rage. Il commande aussitôt qu'on débarque, et que ses soldats dispersés environnent de toutes parts le roc où il voit le héros. On obéit; les archers descendent et préparent déjà leurs arcs. Gesler, qui marche au milieu d'eux, veut que leurs flèches réunies s'abreuvent toutes du sang de Guillaume. Guillaume aussi a ses desseins. Il ne s'arrête, il ne se montre que pour attirer l'ennemi. Il laisse approcher cette troupe armée jusqu'à la juste distance où

A. Disanne, del.   Portman, Sculp, 1817.

le trait qu'il tient peut donner la mort. Il regarde,
fixe Gesler, pose sa flèche sur sa corde, et, l'adressant au cœur du tyran, il la fait voler dans les airs.
La flèche vole, siffle, frappe au milieu du cœur de
Gesler. Le tyran tombe, vomit un sang noir, bégaie
sa fureur, sa rage; et son ame atroce s'exhale au
milieu des imprécations. Guillaume a déjà disparu;
Guillaume, plus léger que le faon, s'est précipité
du sommet du roc; il court, il vole sur la glace; il
gagne, traverse des sentiers déserts, et prend le
chemin d'Altorf.

Bientôt il trouve dans la neige les traces récentes
des nombreux amis que Verner, dans cette nuit
même, a fait partir avec lui de Schwitz. Guillaume
les suit, il court, il approche, et le tumulte, les
cris, le bruit éclatant des armes, viennent de loin
frapper son oreille : il vole, arrive sur la place; elle
est pleine, elle est occupée par trois bataillons de
héros. Verner, à la tête des guerriers de Schwitz, veut
que l'on s'assure des portes avant de commencer l'attaque du fort; Furtz, avec les braves d'Uri, sollicite
le poste le plus dangereux; Melctal, suivi des troupes
d'Underwald, agite dans l'air sa pesante hache, et
demande à grands cris l'assaut. Gemmi, qui ne le
quitte point, Gemmi, armé d'une longue lance,
prononce le nom de Guillaume, demande son père
à tous les soldats, et montre de loin la prison où il

8.

croit encore qu'on retient Guillaume. Le vieux
Henri, Claire, Edmée, se mêlent aux braves soldats,
parcourent les rangs, les diverses troupes, et pressent
l'instant de l'attaque.

Tout à coup Guillaume paraît au milieu des trois
bataillons. Un cri général retentit et se prolonge
dans les montagnes. Un silence profond lui succède.
Tous attendent l'ordre de Tell, tous veulent obéir à
lui seul. Amis, s'écrie le héros, Gesler n'est plus;
cet arc, cette main viennent de punir ses crimes. Le
corps de Gesler, étendu sur le rivage du lac, est entouré de vils satellites que la terreur disperse déjà.
Rien n'est à craindre du dehors. La patrie est vengée,
mais elle n'est pas libre. Elle ne le sera jamais tant
qu'il restera une seule pierre du fort qui frappe vos
regards. Attaquons ce fort redoutable, seule espérance, seul secours des féroces Autrichiens. Que nos
trois troupes montent ensemble; que les plus braves
marchent les premiers.

Il dit, et, de sa main gauche saisissant le drapeau
d'Uri, il prend de la droite une hache, et s'élance
vers la montagne. Furst et sa troupe le suivent de
près; Schwitz et Verner se précipitent; Melctàl avec
Underwald est déjà à moitié chemin, et Gemmi
s'avance à côté de son père. Sarnem les attend;
Sarnem se prépare. Une nuée de flèches, de traits,
part aussitôt du haut des remparts. Les braves assail-

lans méprisent ces flèches : elles n'arrêtent point leur course; ils montent, sans y répondre, avec leurs arcs. Ils parviennent au pied des murailles. Alors le terrible Sarnem, à un signal qu'il donne aux siens, fait précipiter des créneaux une foule de rochers, de pierres, que suivent la poix et l'huile bouillantes. Les braves des trois Cantons sont partout atteints, renversés; l'huile les consume sous leurs vêtemens. Ils expirent au milieu des douleurs aiguës; ils mordent la pierre en jetant des cris; mais ces cris sont encore pour la liberté. Les mourans, malgré leur supplice, exhortent, excitent leurs compagnons, les encouragent à marcher sur leurs corps, à s'en faire des échelons pour arriver au haut des remparts. Les Autrichiens insultent à leurs maux; Sarnem, placé entre deux créneaux, rit de leurs impuissans efforts; Sarnem anime ses soldats, et sa présence, son courage prolongent long-temps cette vive attaque.

Guillaume, au milieu des morts, des mourans, montait toujours d'un air intrépide; mais tout à coup, alarmé du grand nombre de soldats qu'il perd, il s'arrête, appelle Melctal, et, se reprochant d'avoir trop écouté les conseils de la seule valeur en faisant une attaque unique, il l'exhorte, il lui commande de se retirer du combat, d'emmener avec lui ses braves, et d'aller attaquer le côté de l'est,

tandis que Verner et lui-même redoubleront de fureur pour empêcher l'ennemi d'apercevoir ce mouvement. Melctal obéit; Guillaume et Verner re-
donnent un nouveau signal, poussent des cris plus
forts encore, et Sarnem et ses satellites, occupés du
nouvel assaut, réunissent tous leurs efforts pour
résister à Guillaume. Pendant ce temps, Melctal et
les siens volent, arrivent à la porte de l'est, mal
défendue par un faible poste. Melctal la frappe de sa
hache; Melctal fait apporter du feu : la porte brûle,
et Melctal s'élance; Melctal pénètre dans le fort avec
ses amis d'Underwald. Tout cède, tout fuit, tout
meurt. Sarnem, occupé de résister à Tell, entend
les cris des fuyards, distingue ceux des vainqueurs.
Il veut courir au-devant d'eux, il se retourne, et
Melctal paraît : Melctal, rapide comme la foudre,
lui porte un coup de sa hache, partage en deux son
front odieux, et, s'avançant aux créneaux, tend les
mains et crie victoire. Guillaume le joint aussitôt; le
drapeau d'Uri flotte et brille au-dessus du fort redoutable. Guillaume, Melctal et Verner, debout sur
un monceau de morts, adressent à Dieu des actions
de graces, et répondent aux acclamations du peuple
qu'ils ont délivré.

Bientôt le fort est débarrassé des cadavres dont
il est rempli; les troupes des trois Cantons environnent, pressent leurs chefs, les portent au milieu

des habitans d'Altorf, qui, rassemblés sur la place, accourent de toutes parts pour voir leurs libérateurs, pour confier à leur génie, à leur courage, à leurs talens, la défense de la liberté. Mais Guillaume leur demande silence, Guillaume leur adresse ce discours :

Citoyens, vous êtes libres; mais cette liberté précieuse est peut-être plus difficile à conserver qu'à conquérir. Pour l'un le courage suffit, pour l'autre il faut des vertus austères, constantes, inébranlables. Gardez-vous de l'ivresse de la victoire; gardez-vous surtout de l'idolâtrie pour ceux qui la remportèrent avec vous. Vous parlez déjà de nous faire vos chefs, tandis que la récompense que je prétends de mes travaux, la seule que mon cœur envie, c'est de devenir soldat, c'est de rentrer dans cette égalité, charme pur et doux des cœurs républicains. Dans une république, amis, nous sommes tous utiles. Malheur à l'homme qui se croit nécessaire! malheur au peuple qui ne le punit pas de cette seule pensée!

Assemblez-vous pour peser, dans la méditation de la sagesse, et vos intérêts et vos nouveaux desseins; que chacun puisse, selon les lois, penser, exprimer, conseiller tout ce qu'il croit utile à la patrie; que cette liberté soit donnée à tout citoyen âgé de vingt ans. Aussitôt qu'on aime son pays, on a le droit de s'occuper de lui, de lui donner le tribut de sa force et de ses lumières. Nommez un landamme; que ce nom antique, respecté de nos aïeux, le soit davantage par nous; que le conseil le dirige, et qu'il contienne le conseil. Faites des lois; sans lois, que deviendrez-vous? La liberté n'est que l'esclavage des lois sages. Gardez vos mœurs; qu'elles deviennent même plus austères : sans vertus, point de liberté. Le républicain s'est placé, par ce nom, entre les anges et les hommes; qu'il soit donc meilleur, qu'il soit donc plus grand que tous les hommes dont il est entouré.

Pour moi, citoyens, je ne veux, je ne demande, je n'accepte de vous que le nom de votre frère, que le droit de combattre dans vos rangs. Attendez-vous à de nouveaux combats; attendez-vous que l'Empereur voudra reprendre le sceptre que nous venons de briser. Préparez-vous à soutenir ses efforts; préparez-vous aux batailles; ne comptez que sur Dieu et sur vos bras : appelez pourtant à la liberté les autres Cantons de la Suisse. Ou je me trompe, ou leurs cœurs répondront à votre voix : alors, à force de travaux, de vertus et de courage, vous fonderez une république qui deviendra l'admiration et l'effroi de l'Europe entière. Alors les rois brigueront le nom de vos alliés, et se croiront invincibles lorsqu'ils auront des Suisses pour les défendre. Alors, en jouissant de la gloire et des armes et de la sagesse, vous lui préférerez pourtant la gloire d'être libres et heureux.

Il dit, tout le peuple applaudit : le peuple sur-le-champ procède à l'élection de ses magistrats, Tell, Verner, Melctal, redevenus simples citoyens, reçoivent pour leur récompense une couronne de chêne. Ils rentrent, se confondent au milieu du peuple qui résista pendant deux cents ans à tous les efforts de l'Empire, et fonda sa liberté sur ses victoires.

FIN.

ÉLIÉZER

ET

NEPHTHALI,

POËME

TRADUIT DE L'HÉBREU.

PRÉFACE.

Je voyageais, il y a quelques années, dans l'ancien comtat d'Avignon, lorsque, passant auprès de la petite ville de l'Isle, je voulus aller visiter la fontaine de Vaucluse. En revenant de ce lieu célèbre, vers les dix heures du matin, je découvris, à l'ombre de deux mûriers plantés au bord de la Sorgue, une jeune femme et un jeune homme, assis tous deux sur le gazon. Leurs habits simples n'annonçaient ni la richesse ni l'indigence. Le jeune homme, sans être beau, avait une physionomie prévenante. La jeune femme était grande, belle, et sa beauté devenait plus frappante par son caractère étranger. Son visage ovale, ses longs yeux noirs semblaient porter une empreinte d'infortune et de dignité. Je m'arrêtai pour la considérer : elle écoutait avec beaucoup d'attention la lecture d'un manuscrit que le jeune homme tenait sur ses genoux. Je m'approchai sans être aperçu, et je distinguai bientôt que cette lecture n'était pas en français. Ils paraissaient tous deux s'y complaire : ils s'interrompaient quelquefois pour se parler dans la même langue que celle du manuscrit, se pressaient la main, se regardaient avec tendresse; je crus même remarquer que leurs yeux étaient baignés de larmes.

Quoique je n'entendisse pas un seul mot de ce qu'ils disaient, j'aurais long-temps écouté, si la jeune femme, en m'apercevant, n'eût fait signe au jeune homme de s'en aller. C'est à moi, lui dis-je, de me retirer, puisque ma présence vous importune. Je suis étranger; je reviens de Vaucluse, et j'avais perdu mon chemin, quand, vous voyant occupés d'une lecture dans ce lieu charmant, où peut-être Pétrarque a lu ses vers à la belle Laure, j'ai pris la liberté de venir vous demander la route de l'Isle.

A ces mots la jeune personne rougit. Le jeune homme me répondit en français, en m'indiquant le sentier qu'il fallait prendre. Je lui demandai s'il retournait à l'Isle, il me dit que oui; je le suppliai de me permettre de l'accompagner; il ne put me le refuser, et nous voilà cheminant ensemble.

Nous avions près d'une demi-lieue à faire; j'eus le temps de préparer et de hasarder d'autres questions. La jeune femme ne répondit point; elle marchait, les yeux baissés, en donnant le bras au jeune homme. Celui-ci, plus confiant, semblait ne pas s'ennuyer de ma conversation. Je la fis tomber sur le manuscrit qu'il lisait. — Dans quelle langue est-il? lui demandai-je. Dans la mienne, répondit-il ; je suis Hébreu. — Vous êtes d'une nation bien antique et bien célèbre, à qui tout Chrétien doit du respect. — Nous les dispenserions du respect, s'ils voulaient nous accorder cette tolérance que commande l'humanité. — Je la voudrais, comme vous, pour tous les peuples et pour tous les cultes. J'espère que, dans ma patrie, la philosophie bientôt amènera cet heureux temps; mais, sans prétendre excuser les cruautés qu'on vous a fait souffrir, sans vouloir encore moins outrager votre nation, permettez-moi de vous rappeler qu'elle-même fut intolérante, qu'elle a répandu bien du sang, et qu'à chaque page de votre histoire on a besoin de se souvenir que cette histoire est divine, pour n'être pas rebuté des massacres qu'on trouve partout.

Je ne sais, reprit le jeune homme, si vos histoires des peuples d'Europe ne présentent pas quelquefois des tableaux non moins affreux; mais je puis vous assurer que, si vous connaissiez les histoires de nos voisins les Syriens, les Phéniciens, les Iduméens, vous y trouveriez autant de massacres que dans nos

livres. A Dieu ne plaise que par-là je prétende en
diminuer l'horreur! je veux remarquer simplement
que les peuples nombreux d'Asie, principalement
ceux qui habitent vers les déserts brûlans de la mer
Rouge, semblent plus exterminateurs que les autres
peuples; quoiqu'à dire vrai, en fait de barbarie,
je ne saurais auquel donner le prix. Nous ne valons
pas mieux que nos frères les Arabes; ils ne valent
pas mieux que nous; mais les détails de leurs actions
sont moins connus que ceux des nôtres. Vos philo-
sophes, que je respecte d'ailleurs, ont beaucoup
parlé de nos cruautés : je sais quel était leur motif;
ils avaient moins de haine pour nous que d'humeur
contre certaines choses dont ils nous reprochaient
l'origine. Ils frappaient sur les Juifs pour atteindre
plus loin. On les a lus, on a répété, d'après eux,
que nos annales étaient teintes de sang; et l'on n'a
pas eu la justice de dire que dans ces mêmes annales
on trouve les traits les plus touchans de justice et
d'humanité.

Oui, répliquai-je, votre histoire de Joseph est
un chef-d'œuvre de morale, de douceur et d'intérêt.

Pensez-vous que ce soit la seule qui mérite d'être
louée? interrompit la jeune et belle Juive, qui n'avait

pas encore parlé. Je veux bien, pour un moment, juger avec vous nos livres comme s'ils n'étaient pas sacrés. Ne trouvez-vous pas quelque charme dans les détails des mœurs patriarcales si bien décrites dans la Genèse? N'aimez-vous point à relire l'hospitalité d'Abraham, le mariage de Rebecca, la rencontre de Jacob et de Rachel près de ce puits dont il leva la pierre, les sept années d'esclavage auxquelles il se soumet volontairement pour obtenir celle qu'il aime, et les sept autres qu'il recommence afin de la mériter mieux? L'histoire de Job, de Ruth, de Jonathas, de Tobie, sont-elles pour vous sans intérêt? Ne reconnaissez-vous point quelques beautés d'éloquence et de génie dans les cantiques de Moïse, de Débora, de David, de Salomon, dans nos psaumes, dans nos prophètes? Comparez la Bible avec l'Alcoran, avec le Sadder, avec le Zend-Avesta, dont on ne peut soutenir la lecture, et soyez au moins de l'avis des pères de votre Eglise, de vos écrivains, de vos poètes les plus renommés, qui, malgré leur haine pour nous, se font un devoir, une gloire, d'étudier, d'admirer nos livres, et de les imiter souvent.

Mais, sans discuter leur mérite, daignez vous rappeler nos lois. Ouvrez ce code, le seul peut-être

observé depuis trois mille ans, vous trouverez à chaque page des préceptes d'humanité. Je ne vous parle point du Décalogue, le plus beau, le plus ancien monument de morale universelle; je ne veux citer de nos lois que des détails beaucoup moins connus. « Protégez, nous dit Moïse, aimez les mal-
« heureux et les étrangers, en vous souvenant que
« vous-mêmes fûtes malheureux et étrangers en
« Égypte. Quand vous moissonnerez votre champ,
« ou que vous vendangerez votre vigne, oubliez-en
« toujours une partie, pour que vos frères qui n'ont
« point de champ et point de vigne puissent y mois-
« sonner et vendanger. Tous les sept ans, abandon-
« nez la récolte de vos terres aux pauvres. Tous les
« sept ans, rendez la liberté à vos esclaves. Chérissez-
« les, soignez-les : jadis vous fûtes esclaves. Honorez
« la face du vieillard, et levez-vous devant la tête
« chauve. Même en pays ennemi, ne coupez pas les
« arbres qui nourrissent les hommes. Ménagez jus-
« qu'aux animaux : qui n'est pas bon pour eux n'est
« pas assez bon pour ses frères. Que l'aumône soit
« une obligation pour celui qui n'y trouve pas un
« plaisir. Que l'homicide ne puisse jamais racheter
« avec de l'or le sang qu'il aura répandu. Que la
« justice soit égale pour toutes les conditions. Que

« la pitié devienne si bien le sentiment habituel de
« vos cœurs, qu'en s'emparant d'un nid d'oiseaux
« l'Israélite se croie obligé de laisser au moins
« échapper la mère » (1).

Ces lois, prises dans Moïse, et que je ne fais que
citer mot à mot, vous paraissent-elles barbares ? Et
dans quel temps les observions-nous ? lorsque tous
vos peuples d'Europe mangeaient du gland dans les
forêts ; lorsque la Médie et la Perse étaient à
peine policées ; lorsque, dans la seule Égypte, il
existait quelques hommes qui sussent lire. Dès cette
époque si reculée, nous avions un gouvernement
qui, par sa simplicité, mérite encore le respect du
sage. Un peuple, divisé en tribus, formant une
même famille; chaque tribu ayant son conseil pour
décider de ses intérêts ; un sénat, composé d'anciens, choisis dans ces différens conseils pour discuter, au nom de la nation, les intérêts généraux;
un juge suprême, élu par le peuple, lorsque l'État
était en péril; l'obéissance et la liberté réunies et ac-
cordées par une hiérarchie graduelle, qui s'observait
de dix hommes à cent, de cent à mille, depuis le
dernier des Israélites jusqu'au conseil des anciens;

(1) Exod. cap. 23, Levit. 19. Deuter. 22.

un corps de prêtres payés par le peuple, et ne pouvant rien posséder; Dieu seul pour roi, la loi pour
maître, et tout Israël pour soldats : voilà quelle fut
notre république pendant un espace de quatre cents
ans. Nous voulûmes avoir des monarques, et beaucoup d'entre eux régnèrent avec gloire. Le nom le
plus célèbre encore, le plus révéré dans l'Orient,
est celui d'un de nos rois. Notre antique capitale est
toujours une ville sacrée, même aux yeux de nos
oppresseurs. Nos livres composés alors sont dans
toutes vos bibliothèques. Quel est le peuple dont les
lois, dont les ouvrages, dont le nom, aient survécu
si long-temps à sa défaite, à sa ruine? Vaincus,
dispersés par les Assyriens, établis dans leurs vastes
États, où notre industrie nous rendit riches et
puissans, nous quittâmes deux fois nos établisse-
mens, nos richesses, les délices de l'abondance,
pour retourner habiter les ruines de Jérusalem. Ah!
si l'amour de la patrie est la première des vertus,
qui mieux que nous a senti cet amour? Quelle nation peut citer une époque plus glorieuse que celle
où Néhémie, avec Esdras, nous ramenèrent des
extrémités de la Perse, et que, malgré nos voisins
jaloux, l'épée d'une main, la truelle de l'autre,
nous rebâtimes nos remparts et relevâmes nos au-

tels? Depuis ce temps jusqu'à Titus, nous n'avions cessé de combattre pour notre indépendance et notre liberté. Nos efforts furent souvent heureux; et je doute qu'on puisse trouver chez les Grecs, chez les Romains, des héros plus grands, plus parfaits, plus utiles à leur pays que ne le furent nos Machabées.

J'écoutais la belle Juive avec un respect attentif. Sa beauté, son émotion, tout ajoutait à son éloquence. Madame, lui répondis-je, je ne suis point ennemi des Hébreux. Ce n'est point un Amalécite ou un Philistin qui a l'honneur de vous entendre. Je conviens de la vérité de ce que vous m'avez dit; mais, depuis votre dispersion, il est possible que le commun de votre peuple ne se soit pas conduit de manière à mériter la bienveillance des autres nations.

Les autres nations, reprit-elle en fixant sur moi ses deux grands yeux noirs, ne devraient pas, pour leur honneur, rappeler leurs procédés envers les malheureux Hébreux. Depuis la prise de Jérusalem par ce célèbre Titus, qui fut, sans doute à juste titre, surnommé les délices du genre humain, et qui cependant exerça d'affreuses cruautés contre les prisonniers juifs; ce qui surprend un peu dans

le bon Titus, surtout lorsque l'on réfléchit qu'il
avait une maîtresse Juive; depuis, dis-je, l'horrible
état où les Romains laissèrent la Judée, l'imagination
la plus vive ne peut se figurer les maux que notre
peuple a soufferts. Adrien principalement, Adrien,
dont le nom n'est pas sans gloire, poussa contre
nous la recherche de la barbarie à un point qui ferait frémir les sauvages les plus féroces. Ses succes-
seurs nous persécutèrent comme Chrétiens; et
quand Rome fut chrétienne, ses empereurs nous
persécutèrent comme Juifs. Les rois barbares qui
s'élevèrent sur les débris de l'empire se firent un
point de religion de répandre notre sang. Partout
où vos croisés passèrent, ils nous prirent pour leurs
victimes, nous dépouillèrent, nous égorgèrent.
Vos pastoureaux, vos flagellans, toutes vos espèces
de fous fanatiques, ont regardé, pendant quinze
siècles, comme une action méritoire le plaisir de
tuer des Juifs. Vos rois, vos papes, vos magistrats,
tantôt sous le prétexte absurde que nous faisions
des maléfices, que nous empoisonnions les eaux,
que nous crucifiions des enfans, que nous percions
des hosties, nous livraient aux bourreaux, con-
fisquaient nos biens, nous bannissaient de leurs
États, nous rappelaient moyennant de fortes sommes,

qu'ils n'avaient pas plus tôt reçues, qu'ils nous chassaient de nouveau pour nous dépouiller encore. Perpétuels jouets, éternelles victimes des souverains, des peuples, des prêtres de tous les pays, rien pourtant n'a pu nous faire quitter notre religion, nos mœurs, notre nom, unique prétexte de tant de barbaries. Cette constance pendant plus de deux mille ans de malheurs est peut-être digne de quelque estime : et si un petit nombre de misérables Hébreux se déshonore par l'usure, par la bassesse, par une infame avidité, l'homme sage doit réfléchir qu'un moyen sûr de rendre méprisable, c'est de toujours mépriser; que nos vices sont l'ouvrage de ce mépris continuel, et qu'il est encore surprenant qu'au milieu des outrages dont on nous abreuve, la plus grande partie de notre nation ait conservé quelques vertus.

J'allais prendre la parole pour repousser avec force les inculpations un peu vives que cette Israélite osait faire aux Chrétiens; j'allais lui démontrer qu'en tout temps nous avons été les plus justes et les meilleures gens du monde; mais nous étions arrivés aux portes de la ville. Le jeune Hébreu, me voyant chercher des yeux une auberge, me dit avec une politesse franche : Ma femme Esther, que vous

veuez d'entendre plaider la cause de sa nation avec
un peu de chaleur, a oublié de vous dire que parmi
les vertus qui nous sont chères l'hospitalité tient le
premier rang. Nous serions bien heureux si vous
nous permettiez de l'exercer aujourd'hui. Daignez
nous faire l'honneur d'entrer dans notre maison, et
d'y accepter à dîner; nous tâcherons de vous donner autre chose que des pains azymes.

Je remerciai l'Hébreu, et, sans me faire presser,
j'acceptai son invitation.

Sa maison n'était pas loin. Elle était petite,
jolie, nouvellement bâtie sur l'ancien rempart,
dont les arbres touffus l'ombrageaient. En considé-
rant ce charmant asile, j'aperçus à une des faces
latérales une portion du mur dégradée. Je m'étonne,
dis-je à M. Jonathas (c'était ainsi que s'appelait le
mari de madame Esther), que, dans une aussi jolie
maison, vous laissiez ce côté en ruine. C'est notre
usage, répondit-il; depuis la destruction du temple,
la demeure de tout Hébreu doit rappeler, par
quelque endroit, la ville sainte détruite. Si vous entendiez notre langue, vous liriez sur ce mur dégradé
ces mots tirés du plus beau de nos psaumes: « Plutôt
« m'oublier moi-même que de t'oublier, ô Jéru-
« salem! »

Nous entrâmes chez M. Jonathas. Tout y était simple et propre : point de tableaux, point de sculpture ; un joli papier couvrait les murailles ; des meubles d'un bois de couleur offraient des sièges de maroquin. M. Jonathas avait six enfans, quatre garçons et deux filles, dont l'aîné n'avait pas huit ans. Ils vinrent tous, en courant, embrasser madame Esther, et se mettre à genoux devant leur père, qui les bénit, les baisa, et les renvoya dans le jardin. Vous êtes surpris, me dit-il, de ces marques extérieures de respect filial, trop fortes peut-être à vos yeux. Nous avons toujours cru, dans notre nation, qu'elles étaient utiles à maintenir ; car nos lois restreignent beaucoup l'autorité paternelle ; et plus nos lois l'ont bornée, plus nos mœurs ont dû l'étendre.

Tandis qu'il me parlait, deux servantes catholiques, qui composaient tout son domestique, dressaient la table et préparaient notre dîner. Madame Esther allait et venait pour veiller à ce qu'on observât dans l'apprêt de la nourriture tous les préceptes de la loi mosaïque, comme de ne jamais servir ni lapin, ni pourceau, ni lièvre, ni graisse de bœuf ou d'agneau, ni du laitage et de la viande dans le même repas ; de tuer toujours l'animal dont on peut manger de manière qu'il n'y reste pas une seule goutte de sang ; enfin de suivre avec exactitude une foule de pratiques pour lesquelles leurs cuisiniers sont obligés de consulter une espèce de formulaire.

Je n'osais dire à M. Jonathas ce que je pensais de ces observances gênantes; je craignais que madame Esther ne revînt : en effet, elle ne tarda pas. Ses enfans la suivaient. On servit; tout le monde se lava les mains, et M. Jonathas récita un psaume. Ensuite il prit un pain entier, le bénit en le rompant, nous en offrit à chacun; et, toutes les cérémonies étant achevées, je renouai la conversation.

A combien faites-vous monter, lui dis-je, le nombre des Hébreux actuellement dispersés sur la terre? Ce calcul n'est pas facile, me répondit-il; on a de la peine à faire le dénombrement exact des habitans d'un seul empire, jugez de la difficulté de dénombrer un peuple répandu dans les quatre parties du monde et se cachant presque partout. Mais si l'on veut ajouter à la très-grande quantité de Juifs établis en Europe le prodigieux nombre de ceux qui vivent en Asie, depuis Constantinople jusqu'à Pékin, ceux que l'on trouve sur les côtes d'Afrique et dans quelques contrées de l'Amérique, je crois à peu près certain que ce calcul passerait cinq millions d'indi-

vidus. Vous en êtes étonné ; vous cesseriez de l'être
si vous connaissiez nos mœurs et nos lois.

Ces lois nous prescrivent le mariage avant vingt
ans : tout Hébreu qui à cet âge ne prend point une
femme, est regardé comme vivant dans le crime.
Nos frères d'Orient ont plusieurs épouses, et partout
le divorce est permis. Voilà déjà de grandes raisons
pour que notre population soit immense. Ajoutez-y
qu'en général nous sommes sobres, laborieux, con-
tinens ; que chez aucun peuple la foi conjugale n'est
autant respectée ; que nous ne portons point les
armes, et que nous seuls peut-être, en Europe,
sommes exempts des deux fléaux qui détruisent le
plus l'espèce humaine, la guerre et la débauche.

Sans cela, d'après les persécutions que nous
avons souffertes dans tous les pays, d'après l'innom-
brable quantité de Juifs immolés, la race en serait
éteinte. Mais ces persécutions nous ont plus unis,
plus resserrés entre nous. Des frères heureux peuvent se diviser ; des frères malheureux s'embrassent.
Quand nous étions dans notre Palestine, sous nos
rois, sous nos grands-prêtres, nous nous déchirions
entre nous, nous n'observions pas notre loi, nous
élevions des temples aux idoles. Depuis que nous
n'avons plus ni patrie, ni prêtres, ni temples ; depuis

qu'il faut s'exposer à la mort pour obéir à notre
Dieu, nous lui sommes bien plus fidèles, nous nous
souvenons beaucoup mieux qu'il nous ordonne de
nous aimer. Hélas! c'est notre seule jouissance.
Étrangers dans tous les États, inhabiles à tous les
emplois, ne nous mêlant point des affaires publiques,
la seule ambition qui nous soit permise, les seuls
plaisirs qu'on nous ait laissés, c'est d'être bon époux,
bon père, de réunir; de concentrer dans notre
bonheur domestique toutes les sortes de bonheur;
de chercher, de trouver dans nos familles les dou-
ceurs, les consolations que le monde entier nous
refuse.

Une de ces consolations, c'est de remplir avec un
grand zèle le beau précepte de l'aumône. Vos villes
les plus opulentes sont souvent pleines de vos pauvres; vous n'avez guère rencontré de Juif qui vous
ait demandé du pain. Partout où nous sommes un
peu nombreux, nous avons une bourse commune
pour secourir nos frères indigens. Cette bourse n'est
jamais vide, et la manière dont elle se remplit est
encore un secret, même entre nous. Vos édits nous
défendent de posséder des biens-fonds; nous sommes
pourtant assez riches : et l'origine de nos fortunes
n'est pas l'usure, comme on l'a trop répété; mais

l'activité, l'amour du travail, la nécessité de vivre avec moins de moyens que les autres, l'intelligence du commerce, qui semble être l'apanage des Hébreux; cette intelligence qui, dans des temps de barbarie, nous fit inventer les lettres de change, nous rendit les facteurs de l'univers, où nous étions dispersés, et contribua plus qu'on ne pense à former les premiers liens qui depuis ont uni entre elles toutes les nations de l'Europe. Ainsi nous devons encore toutes nos richesses à l'oppression, comme nous lui devons en partie notre population et notre bienfaisance.

Mais enfin, lui dis-je, ces persécutions sont au moins très-ralenties; et, dans quelques pays, vous jouissez de tous les droits de citoyens.

On nous laisse, me répondit-il, assez paisibles en Pologne et dans quelques cantons de l'Italie. En Angleterre, surtout en Hollande, nous sommes plus que tolérés. Nous y professons notre culte publiquement; nous y avons des synagogues, où nos rabbins, qui ne sont autre chose que les docteurs de notre loi, nous exhortent à la vertu, à la pureté, reprennent ceux d'entre nous qui n'observent pas le sabbat, font les mariages, prononcent les divorces, en un mot, expliquent la loi. Cette expli-

cation demande non-seulement une profonde con-
naissance des livres de Moïse, mais encore du Talmud, ouvrage très-révéré parmi nous, parce qu'il
est le recueil de toutes les opinions et traditions qui
composent notre loi orale. Nous regardons comme
savans ceux qui font une étude particulière de ce
Talmud, devenu pour ainsi dire le code civil et ca-
nonique des Hébreux. Ce n'est pas à moi d'appré-
cier devant un Chrétien le mérite de cette science.
Malheureusement nous n'en avons guère d'autre :
excepté quelques auteurs qui se sont appliqués à
l'astronomie, à la grammaire, à la médecine, les
autres n'ont écrit que sur la controverse. Notre lit-
térature est à peu près nulle ; et votre goût serait peu
satisfait d'une bibliothèque hébraïque.

Cependant nous avons eu des académies célèbres,
et nous avons encore des écoles dans les villes où il
nous est permis de bâtir des synagogues. Dans
celles où elles ne sont pas tolérées, nous nous ras-
semblons dans une chambre, louée à frais communs,
qui n'a d'autres meubles que des bancs, une table,
et une armoire placée du côté de l'orient. Cette armoire, qui nous représente si pauvrement l'arche
de bois de Cetim couverte de lames d'or, renferme
les cinq livres de Moïse, écrits à la main sur du par-

chemin avec de l'encre faite exprès. Ils ne sont point
reliés comme les autres volumes; ils sont copiés sur
de longues peaux, cousues bout à bout, non avec
du fil, mais avec les nerfs d'un animal pur. Ces
peaux sont roulées sur deux bâtons, et le rouleau
est recouvert d'un riche voile, brodé par les plus
habiles de nos ouvriers. Dans nos assemblées, nous
mettons à prix l'honneur de porter ce volume depuis
l'armoire où il est enfermé jusqu'à la table où on
l'appuie pour en lire des fragmens. L'argent de cette
enchère est à nos pauvres. Les hommes, assis sur
des bancs, les femmes dans une galerie grillée, as-
sistent à la lecture, et chantent nos psaumes hébreux. Voilà tout ce qui nous reste du fameux
temple de Salomon.

Est-ce là, lui demandai-je, que vous célébrez vos
fêtes ?

Nos fêtes, reprit-il, ne pourraient être célébrées
qu'à Jérusalem; mais nous en retraçons une faible
image, suivant notre calendrier particulier, que
nous renouvelons avec soin tous les ans. Indépen-
damment du sabbat, nos solennités sont nombreuses:
elles ont toutes rapport à de grandes époques de
notre histoire, telles que le Purim, pour la déli-
vrance des Juifs par Esther; l'Hanucca, pour les vic-

toires de nos Machabées, et beaucoup d'autres, parmi lesquelles vous seriez sûrement touché de celle que nous appelons le QUIPOUR ou l'expiation. C'est le jour même ou Moïse, après avoir obtenu le pardon de l'idolâtrie du veau d'or, redescendit de la montagne avec les dernières tables de la loi. Jadis c'était le seul jour de l'année où le grand-prêtre entrait dans le Saint des Saints pour y porter les regrets, le repentir, les larmes d'un peuple trop souvent prévaricateur. Nous passons ce jour tout entier dans le jeûne le plus austère; nous nous rendons à la synagogue dès l'aurore, pour n'en sortir qu'à la nuit, revêtus d'habits de deuil, les cheveux, la barbe en désordre. Là, nous crions : O mon Dieu! miséricorde! nous avons péché, nous avons fait le mal, nous sommes justement punis; miséricorde! Dieu de bonté! Chacun déclare tout ce qu'il se reproche, chacun demande grace au Seigneur et à ses frères. On oublie toutes les discordes, on se pardonne les anciennes plaintes, les vaines injures, dont on s'accuse soi-même avec un vif repentir; on s'embrasse en versant des larmes. Ce spectacle d'une foule d'hommes pleurant en commun leurs fautes, et demandant à grands cris de revenir à la vertu, n'existe peut-être dans aucune autre religion du monde, et vous frapperait à la fois de surprise et de compassion.

Daignez excuser ces longs détails. Je vous en ai dit sur les Juifs plus que vous ne vouliez en savoir : mais vous me paraissez bon, et la dernière réflexion qui vient avec les bonnes gens, quand on leur parle de soi, c'est qu'on risque de les ennuyer.

Je rassurai M. Jonathas. Enhardi par sa confiance, je lui demandai de quoi traitait le manuscrit qu'il lisait le matin. Madame Esther prit la parole.

C'est un poëme, me dit-elle, que mon père m'a laissé en mourant. Il est dans notre famille depuis plus de dix générations. Le nom de l'auteur est ignoré. Mon père, qui était un rabbin très-instruit, pensait que cet ouvrage avait été fait par un Récha-bite, retiré par-delà le Jourdain, dans le temps où la malheureuse Jérusalem, assiégée par les Romains, était encore déchirée par des factions intérieures. Ce qui donne du poids à cette opinion, c'est ce que dit l'auteur au commencement du poëme, en s'adres-sant aux enfans de Zelpha, c'est-à-dire aux habitans de l'ancienne tribu de Gad. Quoi qu'il en soit, nous relisons souvent ce poëme, parce que nous y trou-vons le tableau des vertus que nous voudrions pra-tiquer. Il vous intéresserait si vous entendiez l'hébreu : au moins vous prouverait-il qu'il existe des livres juifs dont les pages ne sont pas sanglantes.

M. Jonathas ajouta qu'il s'occupait de le traduire en français. Il m'offrit de me faire lire sa traduction lorsqu'elle serait achevée. J'acceptai son offre avec reconnaissance, et je pris bientôt congé de cette aimable et honnête famille, que je ne quittai pas sans regret.

Trois ans après cette aventure, je reçus la traduction du poëme hébreu, avec une lettre de M. Jonathas, qui m'apprenait que son épouse et lui abandonnaient le Comtat, alors agité de grands troubles, pour aller s'établir au Caire. M. Jonathas me donnait son poëme, et me laissait le maître d'en disposer. Après l'avoir lu, je pensai qu'il pourrait intéresser le petit nombre d'oisifs qui ne dédaignent pas de lire un ouvrage doux et moral. Je corrigeai de mon mieux les fautes de français échappées à un Hébreu ; et, profitant de sa permission, j'ai fait imprimer son livre. S'il ne réussit point, M. Jonathas n'en saura rien ; s'il a quelque succès, je le lui écrirai au Caire.

ÉLIEZER

ET

NEPHTHALI,

POEME.

CHANT PREMIER.

Enfans de Zelpha, vous qui gémissez devant le Seigneur de nos fatales discordes ; vous qui, seuls en Israël, n'avez pas encore oublié que nous sommes un peuple de frères, rassemblez - vous autour de moi. Venez, famille peu nombreuse, venez dans le beau vallon que couronnent les monts Galaad. Là, sous l'ombre des cèdres antiques, appuyés contre les rochers où se sont appuyés nos pères, parlons de leur félicité, parlons surtout de leurs vertus. Rappelons ces siècles heureux, où les tribus réunies adoraient le Dieu des armées, se partageaient les fruits de la terre, et, long-temps instruites dans le désert à supporter les maux cruels que la nature nous impose, soulageaient du moins ces maux assez grands,

par l'amitié, par la concorde, par la douce fraternité. Ah! retraçons la peinture de ces mœurs simples
et touchantes : que le vieillard , en m'écoutant ,
s'enorgueillisse d'être né moins loin que nous de ces
temps paisibles ; que le jeune homme sente dans
son cœur le vif désir d'imiter ses aïeux ; et que
l'enfant qui me regarde, assis sur les genoux de sa
mère, sourie aux tableaux ravissans qu'il ne com-
prend point, mais qu'il aime.

Dans les jours qui suivirent la mort de Josué ,
Israël n'eut point de chef : les tribus , établies dans
leurs conquêtes, satisfaites de la portion de terre que
le sort leur avait assignée, ne songeaient plus qu'à
jouir des bienfaits du Tout-Puissant. La lance et
l'épée victorieuse avaient été converties en instru-
mens de labourage; le coursier qui poursuivit l'A-
morrhéen dans les plaines de Gabaon traînait lentement la charrue; et chaque Israélite, en paix avec
son Dieu, avec ses frères, avec soi-même, se reposait tranquillement sous sa vigne ou sous son figuier.

L'arche sainte était à Silo; un temple superbe ne
la renfermait point encore. Une humble couverture
de peau servait d'asile au tabernacle. Rarement le
sang des génisses rougissait l'autel des holocaustes ;
rarement l'encens de Tadmor brûlait sur l'autel des
parfums; mais les respects, la vénération de tout un

peuple, la pureté des pontifes, la ferveur des vœux innocens que l'on adressait au Très-Haut, lui rendaient ce séjour plus cher que le magnifique édifice tant de fois profané dans Sion.

Là, on voyait arriver à nos principales fêtes toutes les tribus d'Israël. Là, les pères de famille, suivis de leurs nombreux enfans, venaient adorer le Seigneur, manger la Pâque avec leurs frères, et renouveler le serment de la divine alliance; les mères se montraient leurs fils, et se félicitaient en s'embrassant; les époux s'interrompaient entre eux pour se parler de leurs épouses. Les anciens proclamaient ces lois données à Moïse sur la montagne; la trompette appelait devant eux les faibles, les orphelins, tous ceux qui pouvaient avoir à se plaindre d'une fraude ou d'une violence; et personne ne se plaignait, et les anciens louaient le Seigneur.

Le petit-fils d'Éléazar, le vénérable Sadoc, remplissait la place d'Aaron. Sadoc était aimé de Dieu, parce que Sadoc aimait les hommes. Il observait avec un zèle rigoureux tous les préceptes de la loi; il priait avec un zèle tendre pour ceux qui ne les observaient point. Depuis quarante ans qu'il était grand-prêtre, la veuve en pleurs, le fils délaissé, tous les malheureux d'Israël trouvaient en lui leur soutien, leur père; et quand, ranimés par ses soins, par ses secours, par ses paroles, ils baisaient ses mains

en pleurant, et s'étonnaient de le trouver si bon :
·Dieu seul est bon, leur disait Sadoc, le bien qui se
fait ne vient que de lui.

Sadoc n'avait plus d'épouse. Deux fils jumeaux
lui étaient restés. Eliezer et Nephthali, à peine âgés
de dix-neuf ans, étaient l'exemple et l'amour d'I-
sraël. Beaux, sages comme Joseph, aimables comme
Benjamin, lorsque, revêtus de leurs robes blanches,
ils accompagnaient le grand-prêtre, et lui présen-
taient à l'autel les azymes ou l'encens, le peuple, en
voyant le père et les fils, croyait voir Abraham au
milieu des anges. Lorsque après le coucher du soleil, se promenant autour de la ville, ils se plaisaient
à lever les pesantes pierres qui couvraient les citer-
nes, pour abreuver les troupeaux des jeunes filles
revenant des champs, ces jeunes filles, en les sa-
luant, ne pouvaient s'empêcher de rougir ; et, toutes
pensives auprès de leurs mères, se faisaient redire
le soir comment Jacob choisit pour épouse celle
dont il avait abreuvé le troupeau.

Eliezer et Nephthali ne connaissaient point l'a-
mour : la tendre, la vive amitié suffisait à leurs ames
pures. Cette amitié, pour eux aussi douce, aussi
nécessaire que l'existence, n'eut point de commencement ; ils l'avaient toujours sentie, sans avoir besoin d'y jamais penser ; ils en jouissaient comme de
la vie. Leurs cœurs étaient tellement unis, mêlés,

confondus l'un dans l'autre, qu'ils n'auraient pu, sans un examen pénible, se dire lequel des deux formait le premier un désir. Ensemble dès l'aube du jour, l'aube du jour suivant les retrouvait ensemble ; ils ne s'étaient point cherchés. Le nom de frère, qu'ils aimaient tant, n'ajoutait rien à leur propre nom : Eliezer sans Nephthali, Nephthali sans Eliezer se présentait à leur esprit comme l'idée du néant.

Quelques nuances cependant, dont ils s'étaient à peine aperçus, distinguaient les deux caractères. Éliezer, non moins aimant, non moins tendre que Nephthali, était né plus sérieux, plus grave. La méditation, la prière avaient des charmes pour lui. Éliezer se plaisait dans l'entretien des vieillards, dans l'étude des livres sacrés, dans les cérémonies religieuses. Son esprit, mûri de bonne heure, chérissait la paix et la réflexion ; son ame pieuse et calme avait besoin du recueillement. Nephthali, plus impétueux, mais aussi pur que son frère, aimait comme lui la vertu, sans contempler autant sa beauté. Son cœur, ouvert aux passions, soupirait même après leurs peines ; souffrir lui paraissait plus doux que l'absence d'un sentiment vif. Mais la sagesse d'Eliezer tempérait l'ardeur de son frère ; la sensibilité de Nephthali rendait plus indulgent Éliezer. Ainsi, quoiqu'ils fussent nés avec des qualités diverses, ils se les communiquaient en s'aimant, les échangeaient sans les perdre, jouissaient chacun du bien de tous deux. O doux privilège de l'amitié, qui, non-seulement double les plaisirs, mais double encore les vertus!

Nephthali, long-temps exercé dans les jeux guerriers des Hébreux, savait atteindre de ses flèches l'oiseau qui traverse les airs. Nul en Éprhaïm ne lui disputait le prix de la force et de l'adresse. Il aimait à se couvrir d'une peau de léopard, à ceindre ses reins d'un tissu de chanvre : et, sans se munir d'autres provisions que d'un simple vase rempli de lait, l'arc à la main, le carquois sur l'épaule, il s'enfonçait dans le désert, poursuivait le cerf, la gazelle, attaquait le lion terrible, revenait avec sa dépouille. Éliezer, moins fort, moins adroit, pour qui la chasse aurait eu peu d'attraits, si Nephthali n'eût aimé la chasse, l'accompagnait dans ses courses lointaines, s'y plaisait auprès de son frère; et, lorsque Éliezer, à son tour, allait prier dans le tabernacle depuis le lever du soleil jusqu'au lever de l'étoile du soir, Nephthali priait avec lui, Nephthali ne le quittait point, et ne pensait plus à la chasse parce qu'il était avec son frère.

Un jour qu'ils parcouraient tous deux, suivis de leurs jeunes amis, les brûlans rochers de Remmon, Nephthali, se laissant emporter à la poursuite d'une panthère, s'écarte, s'éloigne d'Éliezer, laisse loin de

lui tous ses compagnons, et passe bientôt les limites
des lieux qui lui étaient connus. De plus en plus
égaré par l'animal qu'il a blessé d'un trait, il vole,
s'enfonce au milieu des rocs, et ne retrouve plus sa
trace. Inquiet, non de ses périls, mais des alarmes
qu'éprouvera son frère, il précipite ses pas, franchit
les torrens desséchés, gravit sur la cime des monts;
tout ce qu'il découvre ne sert qu'à l'égarer davantage. Ses cris sont perdus dans les airs; le disque brûlant du soleil l'enveloppe de sa lumière, le consume
de ses rayons; autour de lui ses yeux n'aperçoivent
que des roches nues; il voit sur sa tête un cercle de
feu. Rien ne se meut dans la nature; elle est morne,
elle est accablée sous le poids de l'astre du jour. Les
heures s'écoulent, la chaleur augmente, Nephthali
redouble d'efforts, et ressent déjà les tourmens de
cette soif si terrible qui seule, dans ces climats, suffit
pour causer une prompte mort.

Épuisé, respirant à peine, il marche appuyé sur
son arc, il soulève sa tête pesante, et sa paupière se
baisse devant les flammes du soleil. Sa soif devient
plus douloureuse; elle l'accable, elle le dévore. Il
saisit le vase de lait qu'il portait toujours dans son
sein, ce vase, son unique espoir, qui peut seul lui
rendre la vie. Il va l'approcher de sa bouche, lorsqu'il entend derrière lui des cris inarticulés. Au
même instant il voit arriver une jeune Israélite, les

bras élevés, les cheveux épars et mêlés avec son voile. Elle s'élance, tombe à genoux, en criant : J'expire, j'expire... de l'eau ! par pitié... de l'eau !

Elle n'avait pas achevé, le vase était sur ses lèvres. Elle boit avec avidité, sans se relever de terre, sans détourner ses regards du breuvage qui la ranimait. Nephthali, debout, contemplait ses traits, sa grace, ses yeux si touchans, que surmonte un sourcil d'ébène, et son front plus blanc que l'albâtre, dont l'éclat contrastait si bien avec sa longue chevelure noire, avec ses joues que la chaleur avait animées d'un vif incarnat.

Nephthali cesse de souffrir en regardant l'Israélite ; il éprouve un charme secret, mêlé d'un transport vif et doux. L'attrait, l'enchantement nouveau qui pénètre, remplit son ame, font évanouir toutes ses pensées, suspendent toutes ses facultés. Heureux d'avoir sauvé les jours de cette belle inconnue, il s'oublie, ne voit qu'elle, ne songe plus à ses propres maux ; et, semblable au paralytique qu'un danger pressant fait courir, il perd à ce divin aspect le sentiment de ses douleurs.

Après avoir épuisé le vase jusqu'à la dernière goutte, l'Israélite reprend haleine, en fixant sur le jeune Hébreu des regards remplis de douceur. Bientôt elle se relève : O mon bienfaiteur ! dit-elle, apprenez combien je vous dois. Ce matin, dans les

pâturages qui s'étendent au pied des montagnes, je
conduisais les brebis de mon père : une troupe
d'hommes armés a paru tout à coup à mes yeux;
c'étaient les cruels Moabites. Je me suis échappée en
priant le Seigneur; j'ai gagné ces rocs escarpés, où
j'erre depuis l'aurore, sans que la moindre nourriture, sans qu'une seule goutte d'eau ait ranimé mes
forces éteintes. C'est vous qui me rendez la vie. Ah!
venez, venez chez mon père : nous immolerons un
agneau, nous inviterons toute notre famille, qui
vous donnera les doux noms que vous donne déjà
mon cœur. Je vais vous conduire : venez, sinon pour
jouir de votre bienfait, du moins pour nous faire
jouir de notre reconnaissance.

Elle dit; et Nephthali, qui la regarde, qui l'é-
coute, ressent avec plus de violence la soif dévorante
dont il est consumé. Il espère, il veut répondre; sa
bouche demeure entr'ouverte, sa langue est attachée
à son palais. Dans ce moment, le voile de lin de la
jeune Israélite, qui flottait en désordre autour de
sa tête, se détache et tombe à ses pieds. Nephthali
se baisse pour le relever; il le saisit d'une main
tremblante, mais il chancelle, succombe, et demeure
étendu sur la terre sans voix et sans mouvement.

Frappée de surprise et d'effroi, l'Israélite le considère : elle reconnaît qu'il périt de la même cause
qui naguère la faisait périr, qu'elle seule a causé sa

mort... elle en jette un cri de douleur ; et, ne pouvant trouver de secours que dans la maison de son père, elle part avec la rapidité du faon, vole et se précipite des montagnes.

Pendant ce temps l'inquiet Éliezer parcourait les lieux d'alentour. Ses compagnons, dispersés par son ordre, visitaient toutes les cavernes. Eliezer, sur le sommet des rocs, promenait au loin ses regards, et, d'une voix douloureuse, interrompait les prières qu'il adressait au Seigneur pour s'écrier à chaque instant : Nephthali ! mon cher Nephthali!... Alors il écoutait, hors de lui-même, immobile, les bras élevés, espérant que le Tout-Puissant allait exaucer ses vœux ; mais l'écho des montagnes lui répondait seul : Nephthali! mon cher Nephthali!... et sa tête tombait sur son sein, et les larmes coulaient sur ses joues.

Enfin, au coucher du soleil, quelques momens après le départ de la jeune Israélite, Éliezer arrive au pied du roc où Nephthali, privé du sentiment, était étendu sur la terre, tenait encore dans sa main fermée le voile qu'il avait saisi. A cette vue, Éliezer déchire ses vêtemens, se jette sur le corps de son frère, l'embrasse, le presse en pleurant, le couvre de ses baisers. Il s'aperçoit qu'il est sans blessure ; il appelle ses compagnons, réunit dans un même vase le peu de lait qui restait à chacun, et fait lentement

A. Desenne del.   Coupé sculp.

couler cette liqueur bienfaisante sur les lèvres pâles, flétries du malheureux Nephthali. Nephthali rouvre des yeux éteints qui cherchent l'Israélite. Fatigué de cet effort, il les referme aussitôt, et sa main, malgré sa faiblesse, porte doucement sur son cœur le voile qu'elle retenait. Éliezer et ses amis lui forment un lit de leurs bras, le soulèvent avec précaution; et, guidés par un pâtre de ces montagnes, reprennent le chemin de Silo.

O quelle fut la douleur de Sadoc lorsqu'il revit son fils expirant! En vain le tendre Eliezer, dissimulant ses propres craintes, se hâte de le rassurer, de lui répondre des jours de son frère, le vieillard, immobile, morne, lève en silence ses yeux vers le ciel, et n'ose encore se plaindre à son Dieu d'un malheur au-dessus de sa force.

Déjà tous les secours qu'on peut inventer sont prodigués à Nephthali. Placé sur un lit de peaux molles, ranimé par quelques gouttes d'un vin délicieux d'Engaddi, le jeune Hébreu revient à lui-même, ses yeux ont reconnu son père, ses bras se sont soulevés pour embrasser Eliezer; Eliezer, à genoux près du lit, soutient d'une de ses mains la tête penchée de son frère, de l'autre il lui présente des breuvages; Sadoc les regarde et pleure; et tout le peuple de Silo, rassemblé devant la maison,

exprime par des cris son inquiétude et son amour
pour Nephthali.

Le lendemain de ce funeste jour était le sixième
du mois de Sivan, le cinquantième depuis la Pâque.
C'était ce cinquantième jour après la sortie d'E-
gypte que l'Eternel, sur le mont Sina, daigna lui-
même donner des lois au peuple qu'il s'était choisi.
On en célébrait la mémoire. Le grand-prêtre, as-
sisté des lévites, présentait, au nom des enfans de
Jacob, deux pains levés de farine nouvelle, prémices de la moisson. Il immolait en holocauste deux
jeunes taureaux, un bélier, sept agneaux sans ta-
che, comme hosties pacifiques, et le mâle de l'indo-
cile chèvre, en expiation des erreurs d'un peuple,
trop peu soumis. Après ce sacrifice de reconnaissance, chaque famille se réunissait pour se livrer
ensemble à la joie; chaque Israélite ouvrait sa maison
à ses frères des autres tribus. Tous les enfans de
Jacob n'étaient occupés dans ce jour de fête que de
resserrer les liens de la douce fraternité.

Sadoc, après avoir rempli les saints devoirs de
son ministère, était venu se renfermer près de son
fils. Le pieux Eliezer n'avait pas voulu quitter Nephthali, même pour assister au sacrifice. Cependant,
quand la nuit fut venue, et que le sommeil bienfai-
sant eut fermé les yeux de celui qu'il veillait, Eliezer

courut au tabernacle. Là, le front dans la poussière, étendant ses mains jusqu'au bord du voile qui couvrait le Saint des Saints, Eliezer demeura longtemps, car il pria pour son frère.

L'aurore avait déjà paru, les sept lampes du chandelier d'or ne jetaient plus qu'une lueur pâle, lorsque Eliezer se relève pour retourner près de Nephthali. Comme il sortait de la seconde enceinte, il est tout à coup arrêté par une jeune Israélite qui portait dans ses mains deux colombes, et conduisait un agneau blanc. L'inquiétude et la douleur se peignaient sur son visage. Une rougeur modeste couvrait son front, où la pudeur et la piété se confondaient avec la grace. Elle approche, en baissant les yeux, d'Eliezer qui l'admire, et lui adresse ces paroles :

Pardonnez, lévite du Seigneur, pardonnez à une inconnue de vous retenir un moment. Quoique étrangère dans Silo, je ne suis point une infidèle. Je demeure en Benjamin, dans le hameau de Luza. Mon nom est Rachel. Mon père Abdias adore le Dieu d'Isaac. Je viens offrir à l'Eternel cet agneau, ces deux colombes, seules richesses dont puisse disposer la fille d'un simple pasteur. Daignerez-vous, enfant d'Aaron, les immoler pour moi sur l'autel, et solliciter du Très-Haut la grace que je lui demande?

Elle se tait. Eliezer la contemple sans pouvoir répondre ; son cœur était trop ému par les accens de cette voix. Immobile d'admiration, frappé d'un trait qui brûle ses sens, il aime à sentir sa blessure, il éprouve un trouble inconnu qui l'inquiète et qui lui plaît ; il pressent, souffre des tourmens, et leur trouve déjà des délices.

Enfin, tendant une main tremblante à la modeste Rachel : Fille d'Abdias, dit-il, venez assister à votre sacrifice ; votre présence le rendra plus pur. J'immolerai vos victimes, j'offrirai moi-même vos dons ; mais, afin que mes vœux ardens puissent s'unir à vos vœux, répondez avec confiance : Que demandez-vous au Seigneur ?

Rachel rougit de nouveau ; ses yeux de nouveau regardent la terre : Enfant de Lévi, répond-elle, le pur sentiment qui m'anime ne doit ni ne peut se cacher. Je viens implorer le Très-Haut pour le mortel à qui je dois la vie. Je ne puis le secourir, et ses jours sont en danger. Que le Tout-Puissant détourne sur moi les maux qu'il souffre en ce moment ! voilà mon vœu, mon désir, et l'objet de mon sacrifice. La reconnaissance, qui nous vient du ciel, peut s'avouer dans le lieu saint.

En prononçant ces paroles, quelques larmes bordent la paupière de la touchante Rachel. Eliezer sent couler les siennes. Il retourne vers le sanctuaire, se lave les mains et les pieds dans la grande cuve d'airain, prépare ensuite le feu sur l'autel des holocaustes. Les lévites viennent s'offrir pour l'aider dans ses apprêts, Éliezer les refuse ; il craint de partager ces soins : tandis que Rachel, à genoux dans le parvis du tabernacle, tenant la main droite étendue sur la tête de son agneau, présentant de la gauche ses colombes, attend l'instant du sacrifice.

Bientôt le feu sacré s'allume et brûle devant le Seigneur. Éliezer saisit les victimes ; leur sang est répandu sur l'autel, du côté de l'aquilon. Le sacrificateur y joint un épi de farine pure, les arrose d'huile nouvelle ; la flamme s'élève en les enveloppant. La jeune Rachel, prosternée, invoque à voix basse le maître du ciel. Eliezer, d'une voix plus haute, lui demande d'exaucer les vœux de la pieuse Benjaminite, de sauver les jours de celui qui l'intéresse si vivement. Il ne doute point, d'après ses paroles, que ce ne soit pour son père qu'elle éprouve tant d'inquiétude : cette idée, qui vient se mêler au souvenir du danger de son frère, rend sa prière plus tendre ; et la ressemblance qu'il trouve entre son propre cœur et celui de Rachel augmente, s'il se peut, l'amour dont il se sent consumer pour elle.

Le sacrifice à peine achevé, tout à coup Eliezer se lève rayonnant de joie. Il court à Rachel, il s'écrie : Voici ce que dit le Seigneur : Retournez dans votre maison ; l'objet de votre inquiétude a récouvré la santé. Remerciez le Dieu de vos pères, et souvenez-vous du lévite qui vous rend grace de l'avoir choisi pour votre sacrificateur.

Rachel s'incline et adore. Bientôt elle se relève en essuyant les larmes qui couvraient ses joues. Elle jette sur Eliezer un regard de reconnaissance, et disparaît aussitôt.

Le fils de Sadoc n'ose l'arrêter. Il soupire en la suivant des yeux; mais le souvenir de son frère l'arrache à ses tendres pensées. Il se hâte de retourner auprès de ce frère si cher. Il trouva sa maison parée de guirlandes : Nephthali est hors de danger, Nephthali convalescent demande à grands cris son frère, et s'avançant, malgré sa faiblesse, jusque sur le seuil de la porte, il reçoit dans ses bras Eliezer, à qui la surprise et la joie ont presque ôté l'usage de ses sens.

FIN DU PREMIER CHANT.

CHANT SECOND.

—

CEPENDANT Israël se livre aux transports de la fête : les vieillards, les époux, les mères, parés de leurs plus beaux habits, font préparer devant leurs portes des tables couvertes de mets délicieux. Les jeunes vierges, en habits de lin, couronnées de roses blanches, parcourent la ville en dansant au son des cistres et des cymbales. Les parens, les amis se rassemblent; les tribus se mêlent et se confondent. Les anciens, les prêtres, les laboureurs, l'habitant des villes, celui des hameaux, ne forment qu'une famille. Tous, en se tenant la main, font retentir l'air du nom de Jacob; tous se répètent en s'embrassant qu'ils sont enfans du même père, qu'ils ont reçu les mêmes bienfaits, qu'ils obéissent à la même loi. Ce peuple immense de frères semble n'avoir qu'une seule ame pour célébrer la douce fête du bonheur et de l'amitié.

Sadoc était au milieu d'eux, accompagné de ses deux fils. Partout on se pressait sur son passage; partout le peuple, à son aspect, élevait les mains

vers le ciel, adressait des vœux au Seigneur pour le
pontife et pour sa famille. Chacun voulait voir de
plus près cet aimable et cher Nephthali conservé
par le Tout-Puissant; chacun félicitait son père, et
mêlait des pleurs d'allégresse aux larmes de reconnaissance qui baignent les yeux du vieillard.

Nephthali, pâle et languissant, appuyé sur Eliezer, s'avançait lentement à côté du grand-prêtre.
Eliezer le regardait sans cesse; et ses regards, où
brillait la joie, exprimaient pourtant l'inquiétude.
Nephthali souriait pour le rassurer, et son sourire
plein de douceur était cependant mêlé de tristesse.
Chacun d'eux avait un secret que son frère ignorait
encore; leur tendre amitié s'en faisait un crime.
Tous deux en étaient tourmentés; tous deux, en se
prenant la main, se demandaient d'avance pardon.

Aussitôt qu'ils sont revenus dans la maison paternelle, sans se communiquer leur dessein, sans
se prévenir même par un signe, ils se dérobent à
leurs amis, et marchent, par divers chemins, vers
l'extrémité solitaire du champ qui les nourrissait.
Là, sur la rive d'un torrent, borne antique de leur
héritage, sous l'ombre d'un grand figuier planté par
les Chananéens, était un siège de gazon où les deux
frères, tous les soirs, allaient méditer la loi sainte,
se délasser des travaux rustiques, se parler de leur
amitié. Jamais ils n'y étaient venus qu'ensemble; ce

seul jour ils s'y rencontrèrent. Je t'attendais, se disent-ils en s'abordant en même temps. Ils s'embrassent avec étreinte, se regardent, s'embrassent encore. Assis à côté l'un de l'autre, Nephthali s'apprête à parler, Eliezer le prévient.

O mon ami, lui dit-il! ô la plus chère moitié de moi-même, quel péril nous a menacés! quelles graces ne devons-nous pas à ce Dieu qui te rend la vie! Vainement, cette nuit passée, prosterné devant l'arche sainte, j'avais supplié l'Éternel d'épargner notre jeunesse, de nous laisser encore sur la terre quelques instans pour nous aimer; je n'avais plus d'espérance, aucun signe du Tout-Puissant ne répondait à mes vœux. Je m'étais dit: C'en est fait! le Seigneur m'abreuve aujourd'hui de la coupe de sa colère; il a mis un nuage devant sa face pour que ma prière ne passât point; il veut me ravir mon frère..... Et je revenais vers toi, non pour te pleurer, Nephthali, mais achever de mourir.

Que sommes-nous donc, mon ami? et quelle est la force d'un sentiment jusqu'à ce jour ignoré de nos ames? Au sein même du désespoir, dans cet accablement affreux où l'on ne sent de l'existence que le poids dont elle est encore, j'ai vu, j'ai trouvé la jeune Rachel, la fille du pasteur Abdias, auprès de la seconde enceinte. Mon cœur a volé vers elle comme la paille légère vole s'attacher à l'ambre pré-

cieux. O mon frère ! si tu l'avais vue à genoux, tenant dans ses mains deux colombes, élevant au ciel
des yeux pleins de larmes !..... sa tristesse l'embel-
lissait, sa douleur augmentait sa grace. Elle priait
pour son père, qui demeure en Benjamin, dans le
hameau de Luza ; elle demandait au Très - Haut de
sauver l'auteur de ses jours. Sa piété, sa vertu touchante, se peignaient sur son front pudique ; elles
mêlaient un respect saint à l'amour dont ses yeux
enivraient. Je veux te le dire, mon unique ami, j'ai
besoin de te l'avouer : en contemplant la belle
Rachel, j'ai cessé de penser à toi ; c'est le seul moment de toute ma vie. Ah ! pardonne, mon cher
Nephthali ! n'attends pas, pour me pardonner, de
connaitre cette passion dont la première et subite
atteinte peut faire oublier un instant ton frère.

A ces paroles, Éliezer se hâte de cacher son visage
dans les deux mains de Nephthali. Celui-ci le regarde
et pleure. Rassure-toi, lui dit-il, j'ai besoin de la
même grace, je venais te la demander. Oui, mon
frère, j'aime comme toi ; comme toi, je brûle d'un
feu dévorant. Mon cœur, qui pouvait à peine suffire
au sentiment de notre amitié, qui, pour former un
désir, pour éprouver un regret, avait besoin de
savoir d'avance ce qui te manquait, ce que tu
souhaitais ; ce cœur, emporté malgré moi par un attrait violent, terrible, s'agite, se trouble, s'inquiète

pour un autre qu'Eliezer. Il prétend, il veut, il recherche un bonheur où tu n'es pas tout. Je ne connais pas ce bonheur, je ne me connais plus moi-même. Je sens mon ame tourmentée comme la pierre dans la fronde qu'un bras vigoureux fait tourner. Uniquement, sans cesse occcupé de celle qui partout me suit, la revoir, lui parler, l'entendre, sont mes seuls vœux, ma seule idée. Le temps qui s'écoule sans elle n'appartient plus à ma vie. L'univers se réduit pour moi à la place où je la rencontrai. A tes côtés, je la cherche, je la demande, je l'attends. Je suis près de toi, je soupire, je t'embrasse, et ne suis pas heureux! O mon frère! pardonne à ton tour; ou plutôt, mon frère, rassurons-nous. Nos ames sont toujours les mêmes; le feu sacré de notre amitié n'a point ralenti son ardeur : il nous anime, il nous soutient; c'est lui qui nous fait vivre; mais une flamme différente nous consume et nous fait mourir.

Alors Nephthali lui raconte comment, aux roches de Remmon, il sauva l'Israélite; comment, à sa première vue, il avait senti cet amour brûlant qui désormais fera son destin. Il ajoute qu'il ne connaît d'elle que sa douceur et sa beauté, qu'il ignore jusqu'à son nom; et, tirant de son sein le voile que laissa tomber la belle inconnue, il montre ce voile à son frère, le lui fait toucher sans l'abandonner, le déploie, le couvre de ses baisers, le replie.

d'une main tremblante, et le replace sur son cœur.
Mais, se reprochant tout à coup de s'occuper si
long-temps de lui-même : Eliezer, s'écrie-t-il, pour
moi, il est un moyen sûr de me croire moins infortuné, c'est de travailler à te rendre heureux. Nous
y parviendrons aisément. Tu sais que la jeune Rachel habite chez son père Abdias, dans le hameau
de Luza. Penses-tu qu'un pasteur hébreu ne bénira
pas le Seigneur en donnant sa fille au fils du grand-
prêtre? Peux-tu douter que Rachel ne sente pas son
cœur palpiter et de plaisir et d'orgueil en apprenant
qu'elle est destinée à ce jeune Eliezer, déjà si connu,
si célèbre pour sa vertu, pour sa piété, pour tant
de qualités aimables qui te font chérir de tout Israël
presque autant que te chérit ton frère? Rassure-toi,
mon Eliezer, Rachel sera ton épouse; dès ce jour je
vais en parler à notre vénérable père. Il m'enverra
demain à Luza; j'irai trouver Abdias, j'obtiendrai
sa fille pour toi, je te l'amènerai moi-même; et ton
bonheur me rendra patient pour attendre ou chercher le mien.

Eliezer se jette dans ses bras. Il consent à lui devoir Rachel; mais Rachel ne lui suffit plus; il lui
faut encore retrouver cette jeune et belle inconnue.
Il y songe, en parle sans cesse; tandis que Nephthali
ne l'entretient que de la fille d'Abdias. Tous deux
s'interrompent mutuellement pour s'oublier toujours

eux-mêmes; tous deux, depuis leur confidence, semblent avoir changé d'amours.

Rappelés par la voix de Sadoc, ils retournent auprès du vieillard. Nephthali se presse de lui révéler les vœux, la passion de son frère. Quoi ! mon fils, répond le pontife en tendant la main à Eliezer, tu n'as pas osé me dire toi-même le désir que forme ton ame? Ignores-tu que le bonheur dont tous deux vous me faites jouir ne peut plus être augmenté qu'en voyant croître le vôtre? Viens dans mon sein, timide Eliezer; viens féliciter ton père du plaisir qu'il trouve à confirmer ton choix.

Eliezer veut tomber à ses pieds, Sadoc le presse contre sa poitrine; et s'adressant à Nephthali : Préparez-vous, dit-il, mon fils, à partir demain pour Luza. Montez sur l'animal patient qui sert à nos travaux champêtres, prenez avec vous deux mesures de farine d'orge nouvelle, ajoutez-y des raisins secs, des dates, des figues sauvages : vous offrirez ces faibles présens au père de la jeune Rachel, en lui demandant, en mon nom, d'accorder sa fille à mon fils. Je vais vous remettre pour elle les pendans d'oreilles et deux anneaux d'or que votre mère posséda.

Il dit : Nephthali s'apprête. Le lendemain, dès l'aurore, Nephthali s'est mis en chemin.

Le trajet n'était que d'un jour. Avant le coucher

du soleil, Nephthali arrive à Luza. Il demande la
maison d'Abdias, on la lui indique. Il frappe à la
porte, un vieillard se présente à lui. Que souhaitez-
vous? lui dit ce vieillard; êtes-vous un de nos
frères? Qui que vous soyez, honorez mon asile en
vous y reposant cette nuit. Nephthali s'incline devant Abdias : Béni soit le Seigneur! répondit-il; c'est
lui qui m'amène à Luza pour vous offrir de la part
de Sadoc, pontife du Dieu vivant, ces présens,
bienfaits de la terre que l'Eternel nous donna. Mon
père Sadoc vous demande d'accorder votre fille Rachel à Eliezer mon frère; Eliezer, dont le nom,
sans doute, est déjà venu jusqu'à vous, et qu'Israël
considère comme le digne successeur d'Aaron et de
Sadoc.

Ne vous trompez-vous pas, mon fils? répond le
vieillard avec un doux sourire : est-ce au pasteur
Abdias, au plus obscur, au moins riche des enfans
de Jémini, que le grand-prêtre des Hébreux envoie
demander sa fille? Oui, c'est à vous, dit Nephthali.
Descendus tous du même père, il n'est de rang dans
nos tribus, dans nos familles, parmi nous, que le
respect dû aux vertus. Les fils de Lévi tiennent
l'encensoir; mais ce sont leurs frères qui prient : les
plus justes sont les premiers.

Abdias, pour toute réponse, saisit la main de
Nephthali; et, la serrant entre les siennes, il jure,

au nom de l'Éternel, que sa fille, dès ce moment, est l'épouse d'Eliezer. Elle est aux champs, ajoute-t-il; elle n'a pas encore ramené le troupeau; mais le soleil, déjà caché derrière les monts de Séir, m'annonce bientôt son retour. Entrez, mon fils, sous mon toit rustique; je vais choisir le chevreau que je veux immoler pour vous.

Il guide aussitôt Nephthali dans sa paisible demeure, et le quitte quelques instans.

Le frère d'Éliezer, demeuré seul dans la cabane, éprouve un plaisir, un intérêt tendre, une involontaire et douce langueur dont il est lui-même étonné. Tout plaît à ses yeux dans ce simple asile, tout fixe et charme ses regards. Il contemple ces vases d'argile rangés avec ordre pour recevoir le lait, ces paniers de jonc suspendus, ces houlettes de la bergère, cette guirlande de fleurs fanées qu'elle portait à la dernière fête. Tous les objets qu'il aperçoit parlent au cœur de Nephthali, portent le trouble dans ses sens; mais il ne veut songer qu'à son frère, il attribue à l'amitié l'émotion secrète qui trouble ses sens.

Bientôt le bruit d'un troupeau revenant des pâturages se fait entendre près de la maison. Nephthali tremble, n'ose sortir, et se demande à lui-même la cause de sa terreur. Il cherche, il appelle Abdias : ce vieillard revient, conduisant sa fille. Nephthali la

voit.... O Dieu tout-puissant! c'est elle, c'est l'Israélite qu'il a sauvée, c'est cette belle inconnue dont
l'image toujours présente ne quitte plus son cœur
enflammé.

Immobile comme le voyageur surpris de la tempête dans le désert, il retient le cri prêt à lui échapper, et demeure les bras étendus. Rachel s'avançait
en silence, les yeux attachés à la terre. Ma fille, lui
dit Abdias, voici le plus beau de tes jours : le vertueux Éliezer, le fils, l'héritier du grand-prêtre, te
demande pour son épouse. Son frère, que tu vois
ici, vient de recevoir mes sermens. Donne-lui ta foi
comme il a la mienne, et rends graces à l'Eternel
qui daigne honorer d'une telle alliance ta jeunesse
et mes cheveux blancs.

A ces mots Rachel relève la tête, et porte un coup
d'œil timide sur le frère de son époux.... elle le re-
connait.... Elle jette un cri; sa tête retombe à l'instant, la pâleur couvre son visage, ses genoux tremblent, fléchissent; elle demeure renversée entre les
bras de son père, sans couleur et sans mouvement.

Nephthali s'empresse de la secourir; Abdias la
rappelle à la vie. Rachel reprend bientôt ses sens,
s'efforce de rassurer son père; et, feignant d'attri-
buer à la soif la cause du mal qu'elle éprouve, elle
demande à Nephthali, en le regardant fixement, de
lui porter de quoi l'apaiser. Nephthali, qui l'entend

trop bien, remplit d'une eau pure un vase de bois, et, le front baissé, respirant à peine, il offre le vase d'une main tremblante. Rachel le touche de ses lèvres, et se hâte de le lui rendre. Se tournant ensuite vers le vieillard : Mon père, dit-elle d'une faible voix, vous m'avez donnée au fils de Sadoc, je dois obéir en silence. Mon cœur sera prêt à suivre ma main, si le frère d'Eliezer veut me confirmer de sa bouche que c'est pour m'appeler sa sœur qu'il est venu jusque dans ces lieux.

Elle accompagna ces mots adressés à Nephthali d'un coup d'œil rempli d'amour, et pourtant mêlé de colère. Oh! combien ce coup d'œil terrible pénétra l'ame du jeune Hébreu! combien il souffrit dans ce seul instant! Mais l'amitié soutint la vertu : Éliezer, Éliezer absent l'emporta sur Rachel présente. Oui, dit-il d'un accent ému, oui, mon frère brûle pour vous. Son bonheur, son destin, sa vie, dépendent de vous obtenir. J'ai désiré, j'ai brigué l'emploi de venir vous porter ses vœux; je réitère à genoux ma vive et timide prière.

Il prononce ces paroles rapidement, dans la crainte de ne pouvoir les achever, et tombe aux pieds de Rachel, en détournant d'elle ses regards. Son ame alors est moins oppressée. Content d'avoir fait son devoir, d'être demeuré fidèle à son frère, il ne croit plus sentir ses maux; et, dans le calme que lui laisse l'épuisement de ses forces, il attend la réponse de Rachel.

La Benjaminite l'écoute, rougit et pâlit tour à tour. Elle s'éloigne de Nephthali, lui fait signe de se relever ; et, se rapprochant de son père, étonné de ce long silence : Je suis satisfaite, dit-elle ; j'accepte pour époux Eliezer. Je vous demande la liberté d'aller consacrer le reste du jour à dire adieu à mes compagnes. Je les aime, j'aime ces lieux où Rachel a reçu la vie, où long-temps Rachel fut heureuse. Il faut les quitter demain : l'envoyé d'Eliezer pardonne sans doute à mes pleurs.

Elle part en disant ces mots, et sort à pas précipités.

Son père cherche à l'excuser auprès du triste Nephthali. Hélas! l'infortuné lui-même avait besoin de cacher ses larmes. Il ne répond qu'en parlant de son frère, des respects, des soins, de l'amour dont Rachel va devenir l'objet. Il occupe, distrait Abdias, et l'empêche de s'apercevoir du trouble qui remplit son ame.

La nuit avait étendu ses voiles lorsque Rachel revint les trouver. La sérénité brillait sur son front. Elle appela Nephthali son frère. Attentive à remplir envers lui tous les devoirs hospitaliers, elle prépare des peaux d'agneau, pour qu'il repose pendant la nuit, apprête le festin, couvre de fleurs la table, et

s'assied près du jeune Hébreu, en lui présentant le
dos du chevreau. Abdias, content, sourit à sa fille,
qui seule anime le repas. Nephthâli n'ose l'envi-
sager; et Rachel, sans l'embarrasser de questions ou
d'empressemens, abrège et finit la soirée en allant se
livrer au sommeil.

Le lendemain, au lever du jour, elle était prête à
se mettre en marche. Son père veut l'accompagner,
et Nephthali rend grace au ciel de cette résolution.
Rachel, portant les ornemens d'or que Sadoc envoya
pour elle, monte sur l'animal tranquille dont Nephthali tient en main les rênes. Abdias, à côté de lui,
les guide dans leur chemin.

Nephthali marchait la tête baissée, sans oser jeter
un coup d'œil vers celle qu'il conduisait. Rachel
l'observait en silence, se répétait, s'efforçait de
croire que Nephthali ne l'aima jamais; que, lorsqu'il lui sauva la vie c'était seulement par pitié; qu'il
avait brigué le barbare emploi de la demander pour
un autre, et que la sombre mélancolie qu'elle voyait
sur son visage n'était que l'effet de son caractère.
Après s'être dit ces paroles, elle éprouvait un secret
dépit, qu'elle prenait pour de la haine. Son cœur
s'en applaudissait, s'exhortait, se promettait de haïr
encore plus cet homme si dédaigneux; mais elle
profitait pourtant de la situation du jeune Hébreu
pour le regarder sans cesse; elle en détournait les

yeux avec peine, et se reprochait de les y reporter.

Abdias, instruit dès long-temps des plus courts chemins qui mènent à Silo, prend une route diffé-rente de celle que suivit Nephthali lorsqu'il vint à Luza le jour précédent. Ils traversent une longue plaine semée seulement de quelques palmiers, s'ap-prochent des monts d'Ephraïm, et parviennent, vers la troisième heure, au pied des roches de Remmon. Nephthali, qui suit Abdias sans observer les lieux où il passe, monte après lui par un sentier étroit, tor-tueux, hérissé de ronces. La difficulté du chemin, la continuelle attention d'éviter à Rachel les pas dan-gereux, éloignent pour quelques instans ses doulou-reuses pensées. Après une longue et pénible marche, il arrive, couvert de sueur, sur le haut de ces rocs déserts. Là, jetant devant lui la vue, Nephthali re-connaît l'endroit où Rachel implora son secours. Il s'arrête, tout son corps tremble, et, par un mouve-ment involontaire, ses yeux se portent sur Rachel. Rachel attendait ce regard, mais elle ne le soutint pas. Sa tête tomba sur son sein, ses deux mains ca-chèrent ses larmes. Nephthali sent fléchir ses genoux, s'appuie contre un quartier de roc, et le vieillard Abdias se presse de courir à lui: Reposons-nous, dit-il, mon fils; nous sommes à la moitié de notre course, asseyons-nous ici quelques instans. Abdias, en disant ces mots, tend ses deux bras à sa fille, l'enlève, la mène près de Nephthali, les fait placer à côté l'un de l'autre, et s'assied lui-même auprès d'eux.

Après un long et triste silence, Abdias, qui cherche à le rompre, demande au fils de Sadoc dans quel temps, dans quelle occasion Eliezer a vu Rachel. Nephthali lui raconte alors comment elle vint dans le tabernacle, comment son frère offrit le sacrifice de deux colombes et d'un agneau, que Rachel présentait au Seigneur pour la guérison de son père. De moi! s'écrie Abdias, en s'adressant à sa fille : eh ! quelles vaines alarmes te faisaient trembler pour mes jours? ils n'ont point été menacés. Pourquoi me cacher ton voyage? pourquoi ta piété filiale n'a-t-elle pas instruit ton père des vœux dont il était l'objet? On vous trompe, lui répond Rachel; ce sacrifice n'était pas pour vous. La veille de ce même jour, poursuivie par les Moabites, errante dans ces rocs affreux, j'avais évité le trépas par le secours d'un jeune chasseur, que je laissai mourant après qu'il m'eut sauvée. Je revins bientôt le chercher, je ne le retrouvai plus. Inquiète de son sort, tremblant qu'il ne fût tombé dans les mains de nos ennemis, je partis le jour suivant, au commencement de la nuit; j'allai porter ma faible offrande à la maison du Seigneur, et lui demander de sauver cet homme si généreux à qui je devais la vie.

Eliezer pria pour mon père, je priais pour mon bienfaiteur.

Rachel rougit à ces mots; et Nephthali, hors de
lui-même, s'écrie : O ciel! que dites-vous? quoi!
c'était pour l'heureux mortel?... Oui, reprend Rachel en le regardant, c'était pour mon libérateur;
je croyais ses jours en péril, je croyais... j'étais abu-
sée : j'ai su depuis qu'il jouissait et de la vie et du
bonheur; j'ai su qu'il avait oublié ses dangers
comme ses bienfaits.

Nephthali se lève précipitamment à ces dernières
paroles : Mon père, dit-il au vieillard, partons, mon
frère nous attend.

FIN DU SECOND CHANT.

Moreau junior inven.   Sculpserunt.

CHANT TROISIÈME.

Le soleil s'était plongé dans la grande mer ; les troupeaux déjà rassemblés descendaient à pas lents des montagnes, lorsque Abdias, sa fille et Nephthali, en approchant de Silo, aperçurent la tente violette qui couvrait le tabernacle. A cette vue, ils s'arrêtent, s'inclinent devant le lieu saint ; et, continuant leur route, après une courte prière, ils arrivent bientôt aux portes.

Là, Sadoc, Eliezer, suivis de leurs parens, de leurs amis, les attendaient depuis plusieurs heures. Là, une troupe de jeunes filles de Silo, vêtues de robes traînantes, portant à la main des bouquets de lis, vient au-devant de Rachel, l'entoure, la couronne de fleurs, et la conduit, comme en triomphe, au pontife qui s'avançait. Rachel se jette à génoux ; Sadoc la relève, l'embrasse, lui présente Eliezer palpitant d'amour et de joie. La modeste Rachel garde le silence. Son époux, plein de son bonheur, ivre du plaisir de la voir, n'en cherche pas moins son frère. Il l'appelle, lui tend les bras, quitte Rachel pour voler à lui ; et, le ramenant près de son épouse, il joint, il presse leurs mains, qu'il réunit sur son cœur. Ainsi marche Eliezer au milieu de tout ce qu'il aime. Le-pontife suit avec Abdias. Les jeunes filles sont devant eux ; et les habitans de Silo, rassemblés sur leur passage, célèbrent cette douce union par mille cris lancés vers le ciel.

Arrivés à la maison du grand-prêtre, Sadoc annonce que le lendemain un sacrifice d'actions de grace sanctifiera l'hymén de son fils. Le peuple se sépare alors, et laisse en liberté les époux.

Sadoc s'empresse d'offrir à ses hôtes les fruits, les rafraîchissemens qu'il a préparés pour eux. Il s'occupe surtout d'Abdias, lui propose de finir ses jours avec sa fille chérie, de venir habiter Silo : Réunissons-nous, lui dit-il ; la vieillesse a besoin d'amis. Il n'en est plus pour notre âge que dans le sein de sa famille. Le nom de père, qui rend indulgent, attire la même indulgence. Avec ce nom, si doux à porter, on vieillit-impunément. Les tendres soins qui pourraient échapper à notre Rachel vous seront rendus par Eliezer ; ceux qu'Eliezer pourrait oublier, je les recevrai de Rachel. Nos cœurs confondront nos enfans : nous aurons doublé tous deux nos richesses. Abdias promet de ne plus le quitter ; Rachel lui rend grace de cette promesse. Elle reçoit avec reconnaissance les empressemens attentifs de

l'amoureux Eliezer ; et Nephthali , cachant ses douleurs, composant avec soin son visage, sourit à
Rachel, à son frère, et les félicite tous deux.

Ainsi se passe le reste du soir. Lorsque les lampes
sont près de s'éteindre, Sadoc ordonne à ses fils
d'aller attendre le jour dans la maison d'un de leurs
parens. Tous deux s'en vont chez Phanuel se livrer
au sommeil ensemble. Mais le sommeil, pendant
cette nuit, n'approche point de leurs paupières.
Eliezer, qui démêlait la tristesse de Nephthali, ne
l'attribue qu'à son amour pour l'Israélite qu'il cherche. Il croit soulager ses chagrins en lui parlant de
cette inconnue, en lui répétant que bientôt il veut
la chercher avec lui. Nephthali tente vainement d'é-
loigner ces tristes idées, de n'entretenir l'époux de
Rachel que du bonheur dont il va jouir ; Eliezer
revient toujours au sentiment qui occupe son frère,
Eliezer ne peut être heureux tant que son frère ne
le sera point : il cherche à calmer sa blessure, il ne
fait que la déchirer.

Enfin l'aurore brillante vient enflammer l'orient.
Le nouvel époux se prépare et choisit ses plus beaux
habits. Nephthali se plaît à l'en revêtir. C'est Nephthali qui dispose les longues tresses de sa chevelure,
qui les relève avec grace sous sa tiare éblouissante,
et vient couvrir ses épaules d'un long manteau hyacinthe, qui jadis, dans les jeux guerriers d'Israël,

devint le prix de l'adresse et du courage de Nephthali. Beau de sa jeunesse et de son bonheur, Eliezer est encore embelli par les soins, par les dons
de son frère. Tous deux retournent auprès de Sadoc.
Ils trouvent les lévites en habit de fête, les jeunes
filles, le peuple assemblé, attendant à la porte la
nouvelle épouse. Elle paraît à leurs yeux, vêtue
d'une tunique blanche, le front couvert d'un voile
brodé. Craintive, troublée, presque chancelante,
elle marche auprès de son père, et refuse de s'ap-
puyer sur le bras de Nephthali. Eliezer, transporté
de joie, vole à la tête des lévites, arrive le premier
au tabernacle, s'empresse, amène les victimes, les
présente lui-même à Sadoc. Douze béliers sont immolés. Le peuple s'unit aux vœux du pontife; le
peuple demande avec lui que la nouvelle Rachel,
aussi belle que la première, soit féconde comme
Lia; que les deux époux vieillissent ensemble
comme Sara et Abraham. Le même cortège les re-
conduit, les promène par toute la ville en chan-
tant des hymnes antiques, en jonchant le chemin
de fleurs.

Après cette cérémonie, Sadoc fait signer aux
époux l'engagement qu'ils ont contracté. La main
d'Eliezer tremblait de joie, celle de Rachel tremblait davantage. Nephthali s'était éloigné; son frère
le cherchait déjà. Il le retrouve, le ramène assister

au festin des noces, le place auprès de son épouse, et tandis que le vieux Sadoc fait les honneurs de ce repas à sa famille rassemblée, l'heureux, l'aimable Eliezer ne parle à Rachel et à Nephthali que de son désir, que de son espoir de vivre toujours entre deux objets également chers à son ame, de voir son frère et son épouse s'aimer entre eux comme il sait les aimer.

Hélas! Rachel et Nephthali rougissaient en le promettant. Tous deux tremblaient d'être coupables en sentant ce qu'ils exprimaient. Mais Nephthali compte sur sa vertu, que l'amitié fortifie; Rachel, qui n'a pas ce double soutien, s'alarme et veut fuir le danger. Elle médite un projet hardi, qu'elle exécutera sur l'heure; et profitant d'un moment de tumulte, à la sortie du festin, elle demande un entretien secret au malheureux Nephthali.

Ils marchent sans se regarder, vers le figuier solitaire planté sur le bord du torrent. Rachel s'assied contre le vieux tronc, fait asseoir Nephthali près d'elle, et d'une voix qu'elle raffermit:

Les momens sont chers, dit-elle, ne les perdons pas à dissimuler. Ne nous cachons point nos combats, mais assurons-nous la victoire. Je vous aime, et vous m'adorez. Je me hâte d'en faire l'aveu: votre vertu ne m'a laissé que ce moyen d'être aussi vertueuse que vous.

J'ignore ce qui s'est passé depuis le fatal moment où je parus aux yeux d'Eliezer ; je veux l'ignorer toujours. Ce que je sais, ce dont je suis sûre, c'est que vous sacrifiez à votre amour pour votre frère l'amour que vous avez pour moi. Ce sacrifice est noble et grand ; mais la cause de vos douleurs en devient à la fois le prix. Vous immolez l'amour à l'amitié, l'amitié du moins vous reste. Ah ! je sens qu'on n'est point à plaindre, lorsqu'à la gloire de faire son devoir on peut joindre la consolation que nous donne un sentiment tendre.

Nephthali, je n'ai point de frère. Je suis l'épouse d'Eliezer, et c'est vous que j'aurais choisi ; c'est à vous que je dois la vie. Pensez-vous que votre bienfait, l'admiration que m'inspire votre douloureux sacrifice, le spectacle continuel de vos combats, de vos triomphes, n'augmenteront pas chaque jour le sentiment que je dois éteindre ? Vainement vous serez vainqueur, vos victoires m'affaibliront. Plus je vous verrai malheureux, plus vous me paraîtrez aimable. Je me défendrai contre mes tourmens, je ne soutiendrai pas les vôtres : c'est à vous de me secourir. Fuyez, fuyez loin de ces lieux. Si votre vertu n'en a pas besoin, que ce soit du moins pour la mienne, que ce soit pour le bonheur de votre frère, dont, près de vous, je déclare que je ne puis m'occuper. Cherchez, inventez un prétexte, mais éloignez-vous de Rachel. Revenez, s'il se peut, guéri, ou bien ne revenez jamais.

Elle dit, et veut retourner à la maison du pontife. Nephthali, pour la retenir, fait un mouvement et saisit sa main. Mais à peine l'a-t-il touchée, qu'il retire la sienne avec effroi, se recueille, cherche à rappeler ses forces qui l'abandonnent, et, sans lever les yeux sur Rachel, prononce ces tristes paroles :

Ma sœur, ma sœur, ne craignez rien, je ne répondrai qu'à vos derniers mots. Je vous engage ma foi de partir dès cette nuit même. Je ne vous reverrai jamais..... jamais je ne reverrai mon frère..... Ah! pardonnez à mes pleurs, j'ai le droit d'en verser pour lui.

Je sens que j'aurais dû vous fuir sans vous avoir répondu ; mais votre repos, celui de mon frère, me commandent de vous instruire qu'Eliezer, jusqu'à ce jour, n'a pas seulement soupçonné que j'avais pu vous voir avant lui. Il l'ignore, et je l'ignorais, que Rachel était cette Israélite..... Il suffit, ma sœur, que cette entrevue demeure un secret éternel entre mon cœur et votre vertu ; qu'Éliezer ne pénètre point ce que fit pour lui l'amitié, il ne pourrait plus être heureux, je perdrais le fruit de mon sacrifice.

Il me reste encore à remplir un devoir que votre

gloire m'impose. Je veux, je vais remettre en vos
mains le seul bien que je possédais, le seul gage
qui me soit resté d'un amour désormais coupable.
Reprenez ce voile si cher que vous laissâtes tomber
à mes pieds, ce voile qui, depuis ce jour, réposa
sur mon triste cœur. Le voilà, Rachel..... Retour-
nons, je tremble que cet entretien ne cesse d'être
innocent. Qu'il soit du moins utile à mon frère :
demain, quand cet infortuné, donnant des larmes
à mon départ, n'aura plus que vous pour le consoler, dites-lui, ma sœur, dites-lui : Nephthali m'a
confié ses peines; il ne peut vivre sans cette inconnue, qui règne avec vous sur son ame; il est allé
mourir en la regrettant. Ma sœur, vous pourrez le
jurer.

A ces mots, d'une main tremblante, Nephthali
présente le voile. Rachel le prend sans répondre, et
le jette sur son visage.

Ils retournèrent ensemble vers la maison; Sadoc
venait au-devant d'eux. Il embrasse sa fille Rachel,
il se plaint de sa longue absence, et la conduit vers
sa famille, qui la redemande à grands cris. Nephthali la quitte, s'éloigne, s'occupe de l'éviter, et
cherche des yeux Eliezer.

Mais Eliezer s'était aperçu que son épouse et son
frère avaient quitté la salle du festin. Cédant au
besoin qu'éprouvait son cœur de se trouver toujours

avec eux, il les avait suivis de loin ; et, les voyant assis ensemble, il avait pris un long circuit, pour les rejoindre sans être aperçu. Ce n'était ni par méfiance, ni même par curiosité. Eliezer n'avait pas l'idée de surprendre les secrets d'un frère ; il savait que ce frère si cher n'avait pas de secrets pour lui. L'heureux, le tendre Éliezer, sans projet, sans réflexion, se livrait à ce sentiment doux, à cette candeur confiante, aimable compagne de l'amitié, qui ne craint jamais d'offenser parce qu'elle ne peut être offensée, et se permet facilement tout ce qu'elle pardonnerait.

Comme il s'approchait derrière le feuillage, il voit Nephthali donner à Rachel le voile qu'il portait dans son sein, et qu'Eliezer connaissait pour être celui de l'Israélite ; il entend les derniers mots prononcés par Nephthali. Ces mots, ce voile lui découvrent tout. Eliezer apprend à la fois et les tourmens et la vertu de son frère, et le malheur de Rachel. Il demeure morne, immobile, la tête penchée sur sa poitrine, les bras étendus vers la terre, appuyé contre le figuier. Il ne voit, il n'entend plus rien. Ses yeux sont couverts de ténèbres. Son ame a perdu l'existence par la force de la douleur. Semblable à l'homme frappé de la foudre, il a vu l'éclair et senti la mort.

Pendant ce temps, Rachel et son frère avaient

regagné la maison de Sadoc. Lorsque Eliezer revient
à lui, ses regards les cherchent en vain. Il éprouve
une horrible joie de se voir libre et solitaire. Il se
traîne au bord du torrent, considère son onde écu-
mante, en mesure la profondeur, et, tout à coup,
s'abandonnant à son affreux désespoir :

Dieu de bonté, s'écria-t-il, je n'implore que ta
justice. Si j'étais seul à souffrir, mon respect pour
tes saints décrets me ferait supporter mes maux.
Mais mon épouse, mais mon frère ne sont malheureux que par moi. Ils le seront chaque jour davantage ; ils le seront tant que je verrai la lumière. Il
n'est plus en mon pouvoir de refuser leur sacrifice ;
il ne m'est pas permis de l'accepter ; il m'est dé-
fendu d'en gémir avec eux. Tout ce qui console la
vie, l'amour, l'amitié, la vertu, se réunit et se divise
pour multiplier mes tourmens. O Dieu puissant ! sois
mon juge : mon frère veut mourir pour moi, sa mort
me rendra plus à plaindre ; la mienne lui donne la
paix.

Eliezer, à ces mots, va s'élancer au milieu du
gouffre. Mais, dans ce moment, ses yeux égarés se
portent sur sa maison, sur cette maison qu'habite
son père, où le bon vieillard l'éleva, où il entend
les chants de joie, les vœux qu'on fait au ciel pour
lui. A cet aspect, il s'arrête, saisit d'une main le
figuier sauvage, s'assure un appui contre lui-même,

et, contemplant ce siège de gazon où tant de fois, depuis son enfance, il s'est assis avec Nephthali, où tant de fois ils se sont juré de vivre, de mourir ensemble, Eliezer sent succéder à ses transports une tristesse plus calme. Eliezer n'avait pas pleuré, les larmes coulent de ses yeux ; et ces larmes, qui le soulagent, lui rendent ses facultés, sa raison, sa douceur naturelle : Non, non, dit-il en sanglotant, non, je ne puis mourir ici. Je ne profanerai point par un trépas volontaire l'asile de la nature, la retraite de l'amitié. Ce lieu où m'embrassa mon père, où mon frère m'a tant aimé, c'est un lieu saint, un lieu redoutable. La douleur la plus légitime n'a pas le droit d'en troubler la paix. Fuyons, fuyons, allons chercher, pour me livrer au désespoir, une terre qui ne soit pas celle du bonheur et de la tendresse.

Eliezer, d'un pas rapide, remonte alors la rive du torrent. Il trouve des quartiers de roc qui rendent aisé le passage, gagne l'autre bord, gravit la montagne, et s'enfonce dans le désert.

Cependant Nephthali, surpris, cherchait et demandait son frère. Rachel, Sadoc, Abdias, voyant les heures s'écouler, croyaient Eliezer au tabernacle, occupé de prier le Seigneur. Le jour a fait place à la nuit ; et Nephthali, sombre, inquiet, est revenu du tabernacle. Il retourne parcourir le champ, s'arrête au figuier sauvage, appelle à haute voix Eliezer :

il n'entend que le bruit de l'onde qui roule en se précipitant. Plus alarmé qu'il ne veut le paraître, il interroge son père, sa famille, ses amis, presse ses questions avec impatience, n'attend pas qu'on lui réponde. Il s'agite, il court, revient, découvre enfin qu'on a vu son frère s'avancer au bord du torrent. Aussitôt l'ardent Nephthali, qui oublie à la fois Rachel, et son amour et ses projets, prend une longue branche de pin, l'allume au milieu du foyer, et, s'éclairant avec sa flamme, il s'élance, il vole aux deux rives.

Les jeunes lévites, amis, compagnons du malheureux Eliezer, imitent à l'instant son frère. Tous, portant des bois allumés, suivent de loin Nephthali, se précipitent dans les sentiers, gravissant les roches désertes. Ils se répandent dans les montagnes; ils se dispersent en jetant des cris. Sadoc, Abdias, Rachel, demeurés sur l'autre bord, écoutent ces cris douloureux : et les échos qui les répètent, la profonde horreur des ténèbres, le spectacle de ces feux errans promenés dans l'obscurité, tout augmente le saisissement, la terreur qui glace leurs âmes.

La nuit se passe dans ces tristes soins, Eliezer n'est point retrouvé. Long-temps après le lever du jour, Nephthali, les cheveux épars, couvert d'une pâleur mortelle, les pieds déchirés et sanglans, revient auprès de Sadoc. Il serre sa main sans pro-

R. Desenne del.   Coupé sculp.

noncer une parole, il ne regarde pas Rachel. Debout,
immobile, muet, il présente à ses compagnons la
nourriture qu'on vient lui offrir, rafraîchit seulement ses lèvres, s'enveloppe d'une peau de loup,
prend son arc, ses flèches terribles, et veut repartir
à l'instant.

Mais on voit paraître un vieux pâtre portant dans
ses mains quelques vêtemens souillés de sable et de
limon. Nephthali jette un cri d'effroi ; le vieux pâtre
s'adresse à Sadoc : Reconnaissez-vous, lui dit-il,
l'habit que portait votre fils ? En disant ces mots, il
pose à ses pieds la tiare d'Eliezer et le manteau hyacinthe dont son frère l'avait revêtu. Sadoc, en les
apercevant, tombe dans les bras d'Abdias. Nephthali se jette sur le manteau, y attache ses lèvres
pâles, s'écrie : O mon frère ! ô mon frère ! et perd
la voix et le sentiment. Bientôt, revenant à lui-
même, il brise son arc, son carquois, déchire en
lambeaux sa tunique, et se rapprochant du vieux
pâtre : Réponds, dit-il d'un accent farouche ; dans
quels lieux, dans quels momens as-tu trouvé ces dépouilles ? Ce matin, à l'aube du jour, reprend le
vieillard effrayé, auprès de cette roche nue, d'où
l'on voit tomber les eaux du torrent ; la tiare était
sur le bord, le manteau plus loin au milieu des
ondes.

Nephthali regarde le pâtre, et lui fait signe de se

retirer. Les jeunes lévites s'empressent autour du sombre Nephthali; mais Nephthali les repousse, il demande qu'on le laisse seul. Les lévites, en gémissant, s'éloignent, s'en vont dans Silo répandre la triste, l'affreuse nouvelle de la mort d'Eliezer. Le peuple entier, qui l'aimait, jette au ciel des cris de douleur, se couvre la tête de cendre, se condamne à dix jours de deuil. Tout Israël pleure le fils du bienfaiteur d'Israël. Hélas! le malheureux Sadoc, que Rachel rendait à la vie, entend ces accens lamentables. Il tombe à genoux, élève ses bras, et s'écrie d'une faible voix: Eliezer! Eliezer! ô mon cher Eliezer! A ce nom, Nephthali accourt, se précipite dans le sein du vieillard, veut parler, ses sanglots l'oppressent; il ne peut, après de longs efforts, que répéter avec son père : Eliezer! Eliezer! ô mon cher Eliezer !

FIN DU TROISIÈME CHANT.

CHANT QUATRIÈME.

SOIXANTE et dix jours s'étaient écoulés. Sadoc, aux portes du tombeau, avait long-temps espéré la mort; mais la tendresse de Nephthali, les soins attentifs de Rachel avaient renoué la trame de sa languissante vie. Abdias ne le quittait point, et lui parlait d'Eliezer, que tous deux appelaient leur fils. Ce nom commun leur faisait trouver des charmes à pleurer ensemble. La triste Rachel, en habits de deuil, la tête couverte d'un voile funèbre, partageait entre eux ses consolations. Nephthali, devenu farouche, ou craignant peut-être, sans se l'avouer, de se trouver auprès de Rachel, Nephthali passait les longues journées, seul, assis au pied du figuier. Là, ses mains avaient élevé un humble tombeau de gazon. Là, sous une pierre polie, il a renfermé les dépouilles qui lui restaient de son frère. Ce vain tombeau trompe sa douleur. Nephthali s'y rend dès l'aurore : il lui semble qu'il y souffre moins, il s'y croit plus près de celui qu'il pleure.

Cependant le vieillard Sadoc, observateur reli-

gieux des préceptes de Moïse, voyant finir le deuil
de Rachel, fait appeler Nephthali. Mon fils, lui dit-
il en présence d'Abdias et de sa fille, tu connais la
loi des Hébreux. Elle t'ordonne de prendre pour
femme la veuve que laissa ton frère. Le nom chéri
d'Eliezer ne doit pas périr en Israël; c'est à tes enfans à le faire revivre.

., A ces paroles, Nephthali se reproche la joie qu'il
éprouve. Son front se colore, et ses yeux se
baissent; son cœur à la fois palpite et gémit. Le
bonheur dont il va jouir lui semble offenser sa piété.

- O mon père, répond-il, dès long-temps j'adore
Rachel. En obéissant à la loi, je satisferai mon vœu
le plus cher. Mais, Eliezer n'est plus, comment
oserais-je être heureux; Rachel, pardonnez ce lan-
gage; pardonnez-moi tous de vous demander qu'aussitôt après cet hymen la retraite la plus profonde
nourrisse, augmente, s'il est possible, mon éter-
nelle douleur.

. Mon cher fils, interrompit Sadoc, j'ai prévenu tes
désirs. Je viens d'annoncer aux anciens du peuple
que je remettais dans leurs mains et l'encensoir et
l'éphod. Mes bras tremblans ne peuvent plus immoler les victimes saintes; mon esprit affaibli par l'âge
n'est plus capable de célébrer les louanges de l'Éternel. Si mon Éliezer vivait, j'aurais encore toutes
mes forces. Les anciens voulaient te choisir; j'ai

refusé pour toi cet honneur. J'avais déjà lu dans ton ame le besoin de la solitude. Oui, Nephthali, renfermons-nous, cachons-nous à tout l'univers. Les malheureux ne sont bien qu'ensemble. Abdias, ton épouse et moi, nous saurons t'aimer et pleurer.

Il saisit alors la main de Rachel, l'unit à celle de son fils, en déclarant, selon la loi, que les fruits de leur hyménée auront les droits et le nom des enfans d'Éliezer. Il demande au Dieu de Jacob de bénir le nouveau lien qui le rend deux fois père de Rachel. Les époux, en l'écoutant, osent à peine jeter l'un sur l'autre un seul regard mêlé de douleur, de piété, de timide amour.

Depuis cet instant, Nephthali, Rachel, Sadoc et le vieux Abdias, devenus étrangers au monde, se croyant seuls sur la terre, et n'ayant besoin que de souvenirs, ne vivent plus que pour l'amitié, la tendresse, le travail. Abdias, du prix des troupeaux et de la maison qu'il avait à Luza, augmenta le champ de Sadoc, y planta des vignes et des oliviers. Ce champ nourrissait la famille; il laissait encore dans leurs mains de quoi soulager quelques indigens. Les pauvres étaient les seuls hommes qu'ils n'eussent pas oubliés. Nephthali, levé dès l'aurore, allait ouvrir le sein de la terre, y semait l'orge et le froment; ou bien il émondait la vigne, plaçait des appuis sous ses jeunes ceps, ou cultivait ses oliviers. Quand le

soleil, au haut de son cours, enflammait partout
l'horizon, Nephthali, couvert de sueur, regagnait
son paisible asile. Rachel venait au-devant de lui;
et le seul aspect de Rachel délassait son heureux
époux. Il marchait près d'elle, en tenant sa main
jusqu'à la table où les vieillards assis se levaient pour
venir l'embrasser. La diligente épouse apportait
l'unique mets qu'elle avait préparé. Ils prenaient
ensemble un frugal repas, qui se prolongeait souvent par le seul plaisir de le prendre ensemble.
Tous ensuite s'en allaient au champ partager les
travaux champêtres, et, quand le soleil se cachait
dans les nuages de l'occident, Rachel se rendait avec
son époux auprès du tombeau de son frère. Tous
deux se mettaient à genoux, appuyaient leurs visages
contre la pierre, y méditaient en silence; ou, s'ils
y parlaient quelquefois, c'était toujours d'Éliezer;
c'était pour se rappeler ou ses actions ou ses paroles:
jamais aucun autre entretien ne profana ce lieu de
douleur; jamais Rachel et Nephthali n'osèrent s'y
donner le nom d'époux.

Ainsi s'écoulaient les jours et les mois. Douze
lunes se renouvelèrent, Rachel était mère d'un fils.
Il eut le nom d'Éliezer. Ce nom semblait augmenter
l'amour de ses parens pour lui. Jamais il ne fut de
plus bel enfant; jamais la grace et l'intelligence ne
s'annoncèrent aussi vite que dans le jeune Éliezer.

A peine âgé de quatre ans, il comprenait, il retenait tout ce que lui disait Sadoc. Ce bon vieillard
ne·pouvait le quitter. Il l'arrachait des bras de Rachel pour le porter dans ses faibles bras; il le conduisait dans le champ, l'élevait par-dessus sa tête,
afin qu'il cueillit de ses jeunes mains les fruits dont
l'éclat l'attirait; il inventait pour lui les plaisirs, et
les partageait sans ennui. Ce vénérable pontife, dont
la barbe blanche couvrait la poitrine, jouait souvent
sur le gazon avec l'enfant de Nephthali : le vieux
Abdias se mêlait aux jeux; et Rachel, qui les contemplait en filant l'habit de son père, laissait échapper son fuseau pour essuyer les larmes de joie qui
se mêlaient à son doux sourire.

Bientôt l'enfant, devenu plus fort, demande à
Sadoc des soins plus sérieux. Sadoc veut être seul
chargé de l'élever et de l'instruire. Il lui apprend à
lire la loi sainte, il grave dans son jeune cœur les
préceptes de l'Éternel. Éliezer sait déjà les com-
mandemens donnés à Moïse. Il répète les grandes
merveilles que manifesta le Seigneur pour tirer son
peuple d'Egypte. Il charme Sadoc et sa mère par
sa mémoire, par son esprit ; et, quand Nephthali
revient du travail, le jeune Éliezer, assis sur les
genoux de son maître, de son aïeul, de son ami,
raconte à son père étonné comment Joseph, vendu
par ses frères, les nourrit et leur pardonna. Le vieil-

lard écoute l'enfant, en prononçant à voix basse chaque mot qu'il a prononcé. Il croit apprendre de lui cette belle et touchante histoire; il s'attendrit pour le vieux Jacob lorsqu'on lui ravit Benjamin; alors il serre Éliezer plus près contre sa poitrine; et Nephthali, regardant Rachel, ne peut retenir ses pleurs toutes les fois que l'enfant répète le nom de frère.

Neuf ans se sont déjà passés. Éliezer sort quelquefois seul. Il possède un arc et des flèches. Vif, adroit, comme son père, il poursuit, le long du torrent, le héron et l'aigle marin. Bientôt il traverse les eaux, gravit au sommet des montagnes, et va chercher les jeunes faons. Rachel et Sadoc murmurent de ces courses solitaires; Nephthali, plus indulgent, sourit au jeune Eliezer. Il se plaît à voir son courage précéder de si loin sa force; et l'enfant, qui s'en aperçoit, se livre à son goût pour la chasse.

Ce goût augmente en peu de temps. Chaque jour, après avoir partagé le repas commun, Eliezer s'armait de son arc, et, s'échappant avec vitesse, disparaissait jusqu'au soir. Il revenait, à la nuit, rapportant toujours des ramiers, ou des dattes fraîchement cueillies. Les fruits étaient pour Rachel, les oiseaux étaient pour Sadoc. La mère et l'aïeul étonnés ne comprenaient qu'avec peine comment leur fils, si faible encore, pouvait atteindre au sommet des palmiers. Ils lui reprochaient de trop s'exposer, surtout de trop s'éloigner d'eux. Mais Éliezer avait l'art de rassurer leur tendresse, de bannir leurs inquiétudes, et savait, en les caressant, se conserver sa liberté.

Un jour l'enfant, contre sa coutume, était sorti dès l'aurore, et l'heure du sacrifice du soir s'écoula sans qu'il fût revenu. Rachel, versant déjà des larmes, avait envoyé Nephthali le chercher autour du torrent. Elle-même, parcourant ses bords, s'était assise au pied du figuier, quand tout à coup elle l'aperçoit. La pâleur couvrait son visage, ses yeux étaient baignés de pleurs. Qu'as-tu, mon fils? s'écria Rachel; hâte-toi d'instruire ta mère. Hélas! lui répondit l'enfant, mon chagrin trahit un secret que j'avais juré de ne jamais dire. C'est à vous seule que je le confie. Vous le garderez, ô ma mère, vous le garderez, j'en suis sûr, et vous secourrez mon ami.

A ces mots, Rachel plus surprise, promet à son fils tout ce qu'il demande, essuie doucement ses larmes, l'écoute en le caressant.

Vous allez apprendre, dit Éliezer, pourquoi si souvent je vous quitte. Quand vous m'aurez entendu, vous me pardonnerez bientôt.

C'était dans la lune dernière que j'osai hasarder un jour de traverser lo torrent. Je descendais la rive opposée, quand je découvris, assis sous un roc, un pauvre couvert de lambeaux. Ses cheveux tombaient sur son front, sa barbe descendait sur son sein, qu'il avait à demi nu. Son visage était livide, il semblait malade et souffrant. Il ne m'effraya pourtant point; au contraire, il m'intéressa. J'avais avec moi quelques fruits emportés de votre table, j'allai les lui présenter. Il me regarda fixement : Mon fils, me dit-il, je n'ai pas besoin de ce que m'offre votre bienfaisance, mais j'ai besoin de connaître un bienfaiteur tel que vous. Quel est votre nom, mon fils? Quels sont les heureux parens à qui le Seigneur a donné des enfans le plus charitable? Je suis Eliezer, répondis-je; le vénérable Sadoc, l'ancien pontife d'Israël, est mon aïeul; ma mère a nom Rachel, mon père, Nephthali. En respectant, en aimant les pauvres, j'obéis à leurs préceptes.

A peine avais-je dit ces mots, que cet homme, s'avançant vers moi, me prend dans ses bras, m'enlève, et me tient long-temps contre sa poitrine. Il ne disait rien, mais il soupirait; et je sentais ses larmes couler sur mes joues. Ne vous étonnez pas, reprit-il, de l'amitié que je vous témoigne. Je dois la vie à Sadoc; je n'ai pu voir son petit-fils sans éprouver ce transport dont vous ne vous offensez pas. Alors il se mit à sourire; et je vis bien que son visage n'y était pas accoutumé. Je pris sa main : Suivez-moi, lui dis-je, je vais vous conduire auprès de Sadoc; il me caresse toujours davantage quand je lui amène des pauvres. Non, ajouta-t-il en baissant les yeux, je suis exilé de Silo pour un crime involontaire. Je serais perdu si j'y paraissais. Voyez, mon enfant, quelle est ma confiance: vous avez ma vie en vos mains. S'il vous échappe de révéler à quelqu'un que je suis caché dans cette montagne, que vous m'y avez rencontré, l'on viendra m'arracher d'ici pour me livrer à d'affreux tourmens.

Ces paroles me firent trembler. Je lui promis de garder son secret et de revenir le voir. J'y retournai dès le lendemain; il m'attendait au même endroit. Content de mon exactitude, et se fiant à mes promesses, il me conduisit jusqu'à sa retraite. Cette retraite n'est pas loin d'ici. C'est une grotte peu vaste, cachée parmi les rochers, où je ne vis autre chose que quelques branches de dattier. Les dattes étaient sa nourriture, les branches formaient son lit. Voilà ma maison, me dit-il; je ne me flatte pas, mon fils, que rien puisse vous y rappeler. Vous me rendriez pourtant bien heureux si vous y veniez quelquefois. Ce matin, dès le point du jour, j'ai couru toute la montagne; je suis parvenu, à force de soins, à m'emparer de deux ramiers vivans. Puisque vous aimez les oiseaux, je vais m'appliquer à les prendre; le désir de vous complaire me tiendra lieu de force et d'adresse.

Alors il me donna deux ramiers dans une cage de joncs. Ce sont les premiers, ma mère, que je suis venu vous offrir. Tous les dons que je vous portaient ne me venaient que de lui. Cet homme si bon, occupé de moi tout le temps qu'il ne me voyait pas, tendait des pièges aux colombes, allait chercher les fruits les plus beaux. Il venait ensuite m'attendre : je le trouvais assis à sa porte, avec ses présens à la main. La joie que me causait ces présens passait aussitôt dans ses yeux. Il m'embrassait, me plaçait près de lui, quelquefois sur ses genoux ; et, lorsqu'il m'avait long-temps regardé, nous nous entretenions ensemble. Il me parlait de vous, ma mère, de mon père, de mon aïeul. Il s'intéressait à votre bonheur, il me faisait répéter tout ce que vous aviez dit. J'aimais ces douces conversations, je me plaisais à visiter un si tendre, un si bon ami ; je me disais : Puisque je suis le seul au monde qui puisse le consoler, je suis obligé de le voir souvent.

Aujourd'hui, dès le grand matin, j'ai retourné près de lui, parce qu'hier il était malade. J'ai pris en secret du lait dans un vase, dans l'espérance que ce lait lui ferait peut-être du bien. Ah ! ma mère, depuis hier le mal est devenu plus grave. Je l'ai retrouvé sur son lit. Il a pris le lait que je lui portais, m'a serré la main, m'a remercié; mais j'ai vu qu'il faisait des efforts pour me cacher ses souffrances. Je n'ai pas voulu le quitter, et j'y serais encore, ma mère, s'il ne m'était venu l'idée que vous pouvez le secourir. Oh! venez, venez avec moi, vous lui sau‑ verez peut-être la vie.

Ainsi parle Eliezer. Rachel l'embrasse avec des sanglots : Aimable enfant, lui dit-elle, que ton jeune cœur est sensible et bon ! que je suis heureuse d'être ta mère ! Oui, mon fils, je vais te suivre ; ne perdons pas un instant.

Elle se lève, court à sa maison ; Nephthali venait d'y rentrer, après avoir cherché son fils. Rachel se hâte de lui redire tout ce qu'elle vient d'apprendre. Elle fait pleurer son époux de joie et d'attendrisse‑ ment. Nephthali veut les accompagner à la grotte du solitaire. Il prend avec lui de l'huile, du vin ; Rachel se munit d'autres provisions ; et, conduits par Elie‑ zer, ils s'avancent vers la montagne.

Eliezer pressait leurs pas. A la porte de la ca‑ verne, l'enfant les prie de s'arrêter. Il entre seul, et dit au solitaire, couché sur son lit de douleur : O mon ami, pardonnez-moi, j'ai révélé votre secret, dans l'espoir de vous être utile. Ne vous alarmez pas, mon ami, je vous amène mon père et ma mère.

Que dis-tu, mon fils ? s'écrie le mourant, en se

soulevant à moitié. Quoi! Nephthali, quoi! Rachel,
je vous embrasserais encore! ô Dieu de bonté,
donne-m'en la force...

A ces paroles, à cette voix, Nephthali jette un cri
terrible : il a reconnu ses accens; il s'élance dans la
caverne, vole, tombe, embrasse son frère... C'est lui,
c'est Eliezer. Rachel revoit son premier époux.
Muette, immobile, interdite, elle soutient Nephthali,
dont la tête demeure penchée sur la poitrine de son
frère; l'enfant surpris promène sur eux des regards
remplis de larmes; et le mourant Eliezer, passant
son bras autour de Nephthali, tend une de ses mains
à Rachel, et dit à l'enfant de ne pas pleurer.

Lorsqu'une émotion aussi vive eut laissé quelque
calme à leurs sens, tous trois se contemplent l'un
l'autre sans pouvoir encore se parler. Eliezer le premier raffermit sa voix presque éteinte, et s'appuyant
sur son frère, il lui adresse ces mots :

Nephthali, le temps me presse; laisse-moi pro-
fiter du dernier instant où je peux encore t'appeler
mon frère. Ne trouble pas la sainte joie que j'é-
prouve en te revoyant. Songe, ô mon unique ami,
que ton Eliezer expire plus heureux qu'il n'a vécu.

Le jour même de mon hyménée, je te vis, auprès
du figuier, rendant à Rachel le voile que tu portais
dans ton sein. Ce seul mot te dit tout, mon frère;
je fis ce que tu aurais fait.

J'eus soin de laisser sur le bord des eaux mes vêtemens souillés de limon, pour que l'on ne doutât
point de ma mort, pour que la loi te prescrivît de
devenir l'époux de ma veuve. Je me répétais : Il
pourra jouir de la moitié du bonheur ; et je me sentais la force de vivre.

Je partis sans tenir de route. Je m'éloignai de
Chanaan, et gagnai la terre d'Emath. J'espérais oublier Rachel ; vain espoir ! je ne pouvais vivre sans
Rachel et sans mon frère. Je me trouvais dans l'univers, solitaire, abandonné, comme la grappe oubliée
sur le cep qu'on a vendangé. Après neuf ans de
malheurs et de malheurs inutiles, qui ne me don-
naient ni la mort, ni cet oubli que je poursuivais,
je revins malgré moi vers Silo. Je m'arrêtai dans ces
montagnes. Là, je me cachais tout le jour; toutes
les nuits, j'allais errer autour de votre demeure. Je
tremblais d'être aperçu, je brûlais de vous apercevoir.

Enfin, un soir, assis derrière un roc, vis-à-vis le
figuier sauvage, je vis, je reconnus mon frère, conduisant par la main Rachel. J'eus besoin d'embrasser le roc, pour ne pas m'élancer vers vous.
Vous vîntes vous mettre à genoux auprès d'un tombeau de gazon, vos pleurs coulèrent sur cette tombe,
et j'entendis le nom d'Eliezer prononcé parmi vos
sanglots. Ah! mon frère! ah mon épouse, ce seul in-

stant me paya de neuf années de douleur. Ils m'aiment toujours! m'écriai-je; je n'osai plus me trouver malheureux.

Je résolus, dès ce moment, de fixer ici ma demeure. Je cherchai, je trouvai cette grotte. Les fruits des dattiers me nourrirent, l'onde du torrent m'abreuva. Je vous voyais tous les soirs : hélas ! que me manquait-il ? Je me reprochais vos larmes, mais j'en jouissais en me les reprochant ; j'aurais désiré vous voir consolés, mais j'en aurais été plus à plaindre.

Le ciel m'envoya bientôt un bonheur encore plus grand. Je rencontrai votre fils, je l'attirai par mes dons, par mes tendres soins, par mon amitié. O qu'il m'a fait passer de doux momens ! ô quel transport éprouvait mon ame, quand, le tenant sur mes genoux et le contemplant en silence, je me disais : Voilà l'enfant de Rachel et de Nephthali ! dans lui vivent réunis et mon épouse et mon frère ! Je le pressais sur mon sein, et je m'imaginais vous embrasser tous deux ; il me rendait mes caresses, et je me croyais dans vos bras.

Ce bonheur s'est écoulé comme les heures d'une matinée. Je vais mourir, ô mon frère ! bénissons l'arrêt du Seigneur. Il fallait bien payer de ma mort le plaisir de te voir encore : ce plaisir n'est pas trop payé. Que ne puis-je aussi presser sur mon sein mon vertueux et bon père. Vous lui direz...

Ah! vous lui direz... ou plutôt cachez-lui ma mort. Ne rouvrez point sa blessure ; qu'il ne pleure pas de nouveau le fils qu'il a tant pleuré. Approche-toi, Nephthali, approchez-vous aussi, Rachel ; et toi, mon cher Eliezer, mon enfant, mon fils, mon dernier ami, viens, viens me donner ta main. Joignez-y tous deux la vôtre ; que je les réunisse sur mon cœur. Hélas ! il ne palpite plus, cependant il vous aime encore... Adieu, j'expire, consolez-vous : soyez heureux sans m'oublier.

FIN.

TABLE DES MATIÈRES

CONTENUES DANS CE VOLUME.

FIN DE LA TABLE.

www.ingramcontent.com/pod-product-compliance
Lightning Source LLC
Chambersburg PA
CBHW072037090426
42733CB00032B/1834